Déjenme inventar

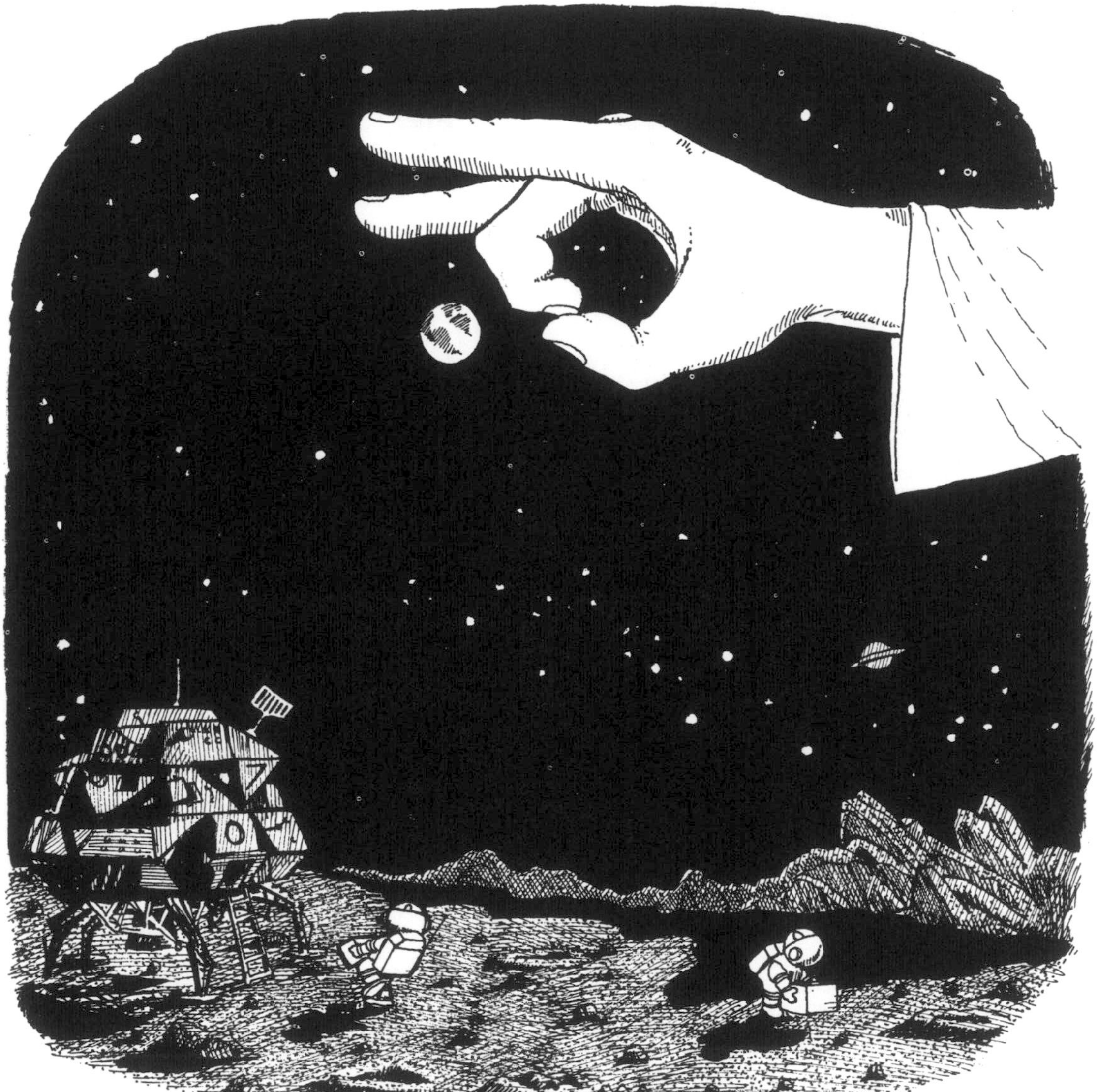

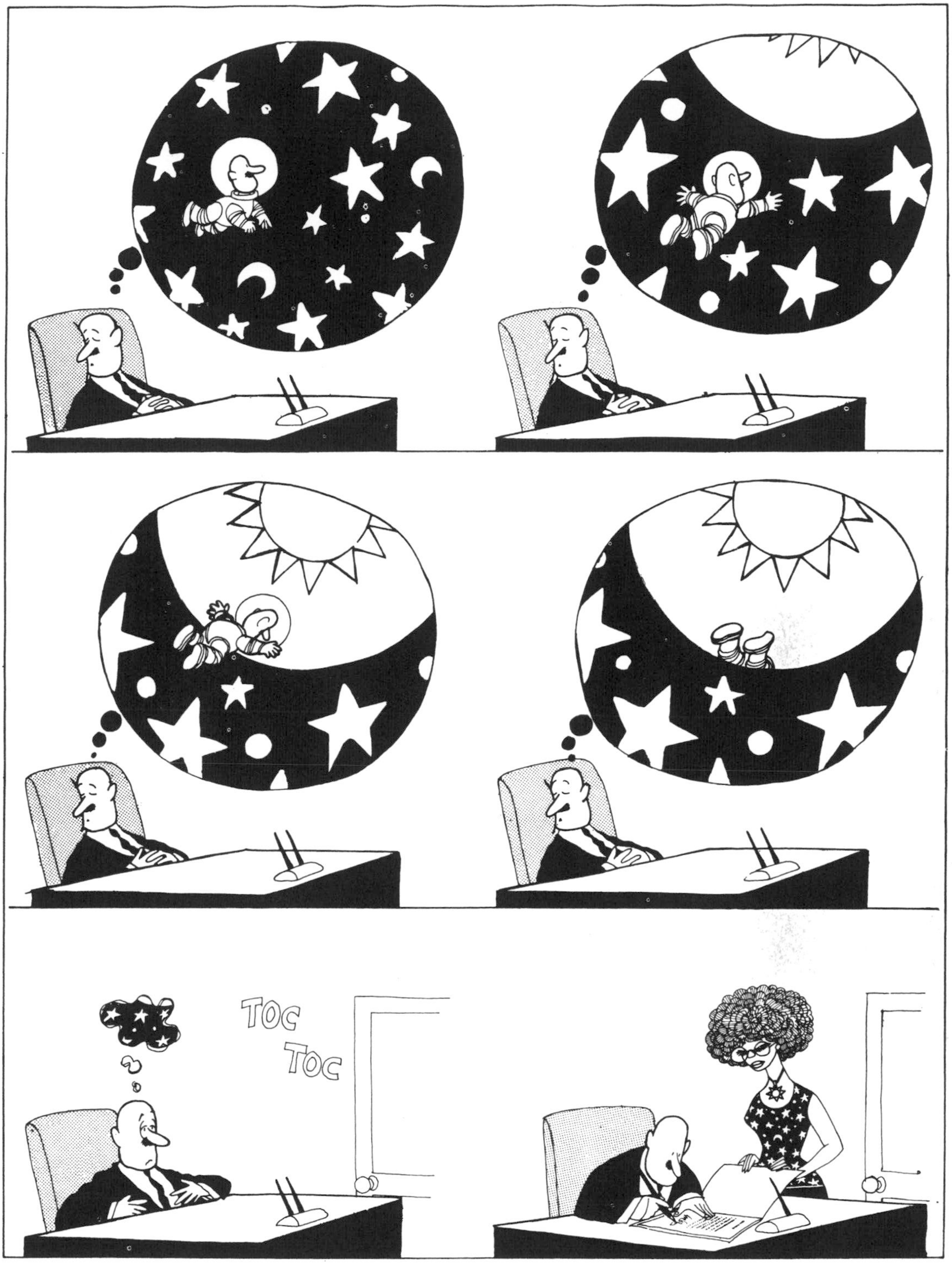
TOC
TOC

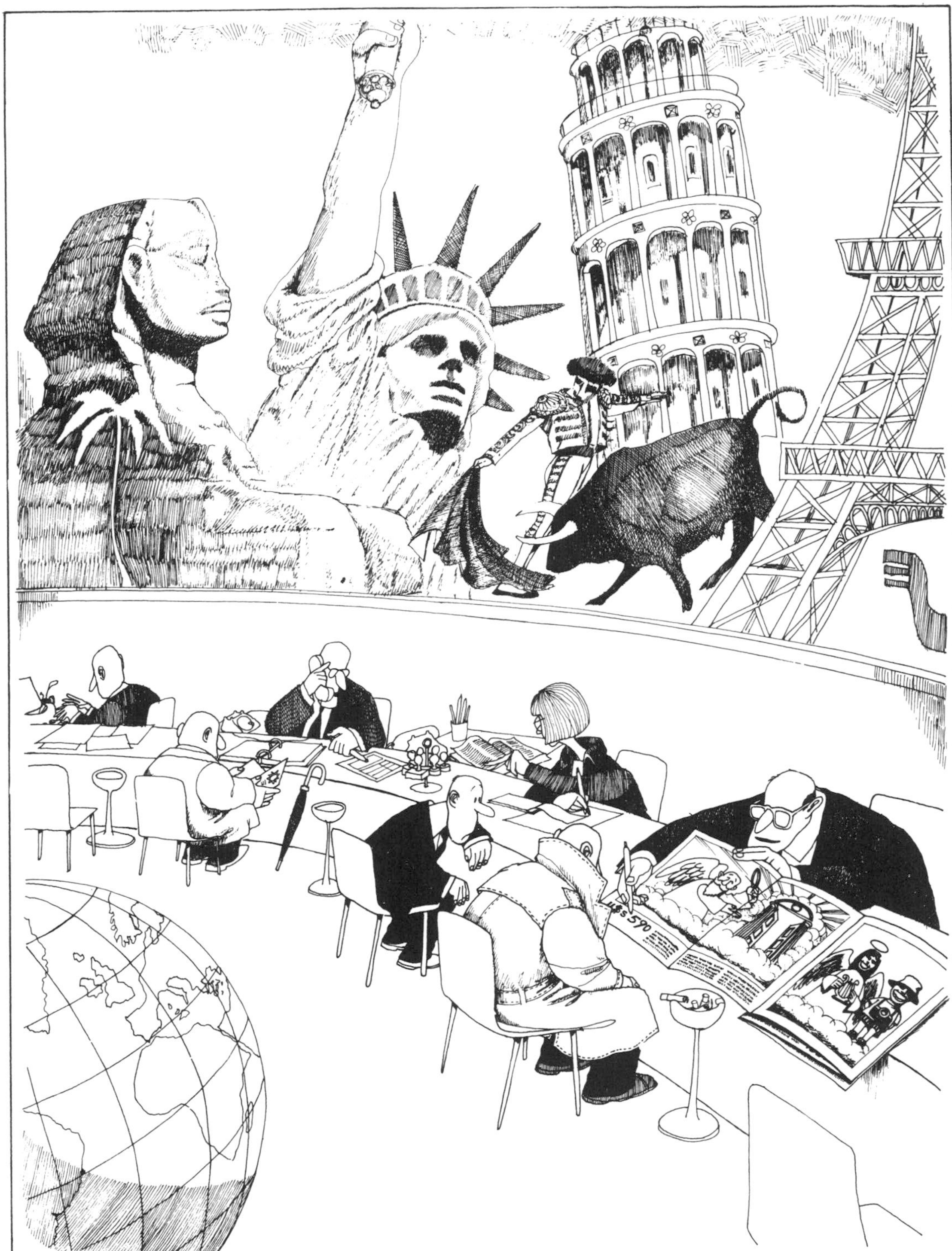

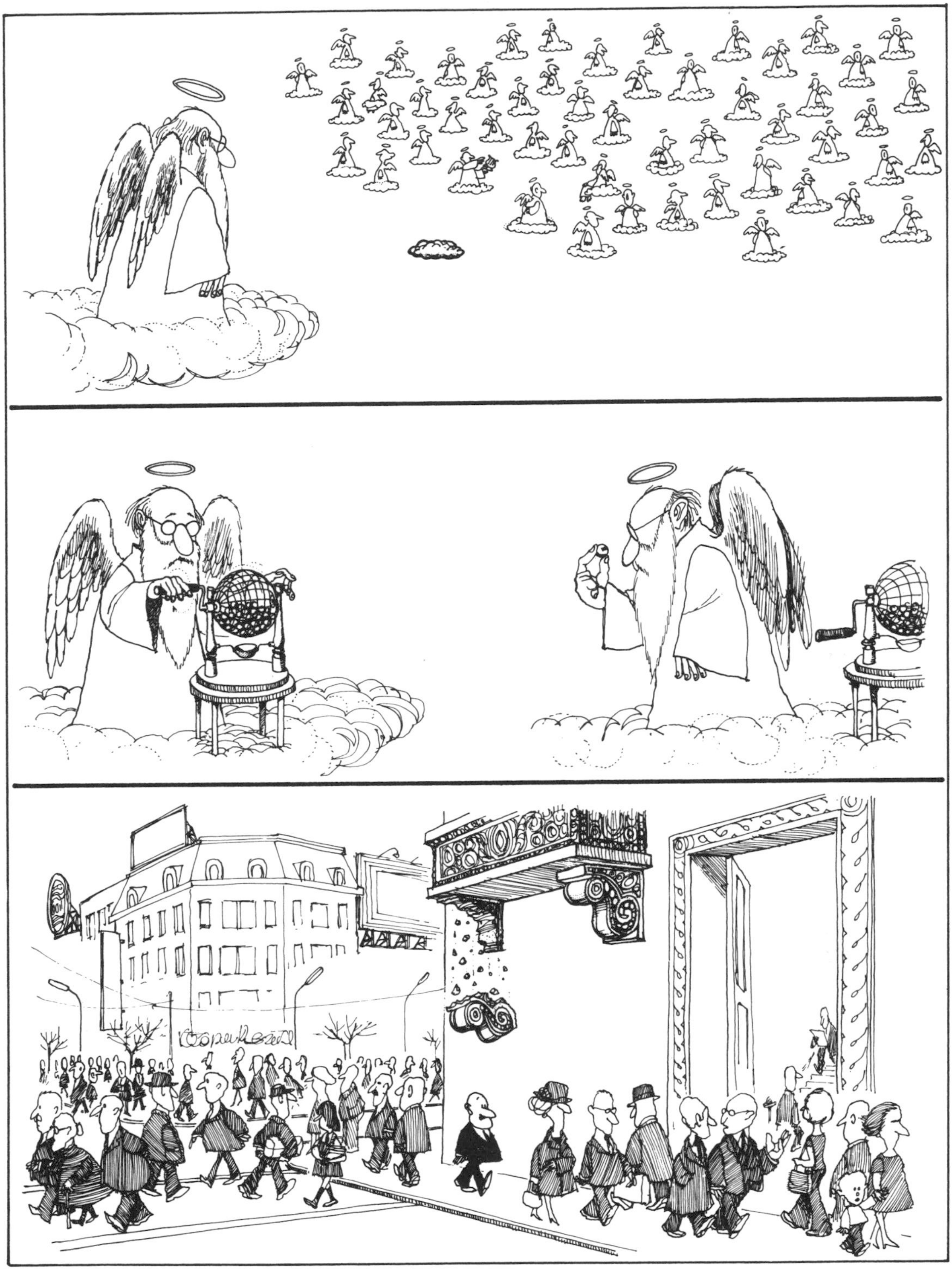

La Dirección Celestial Impositiva le recuerda que....

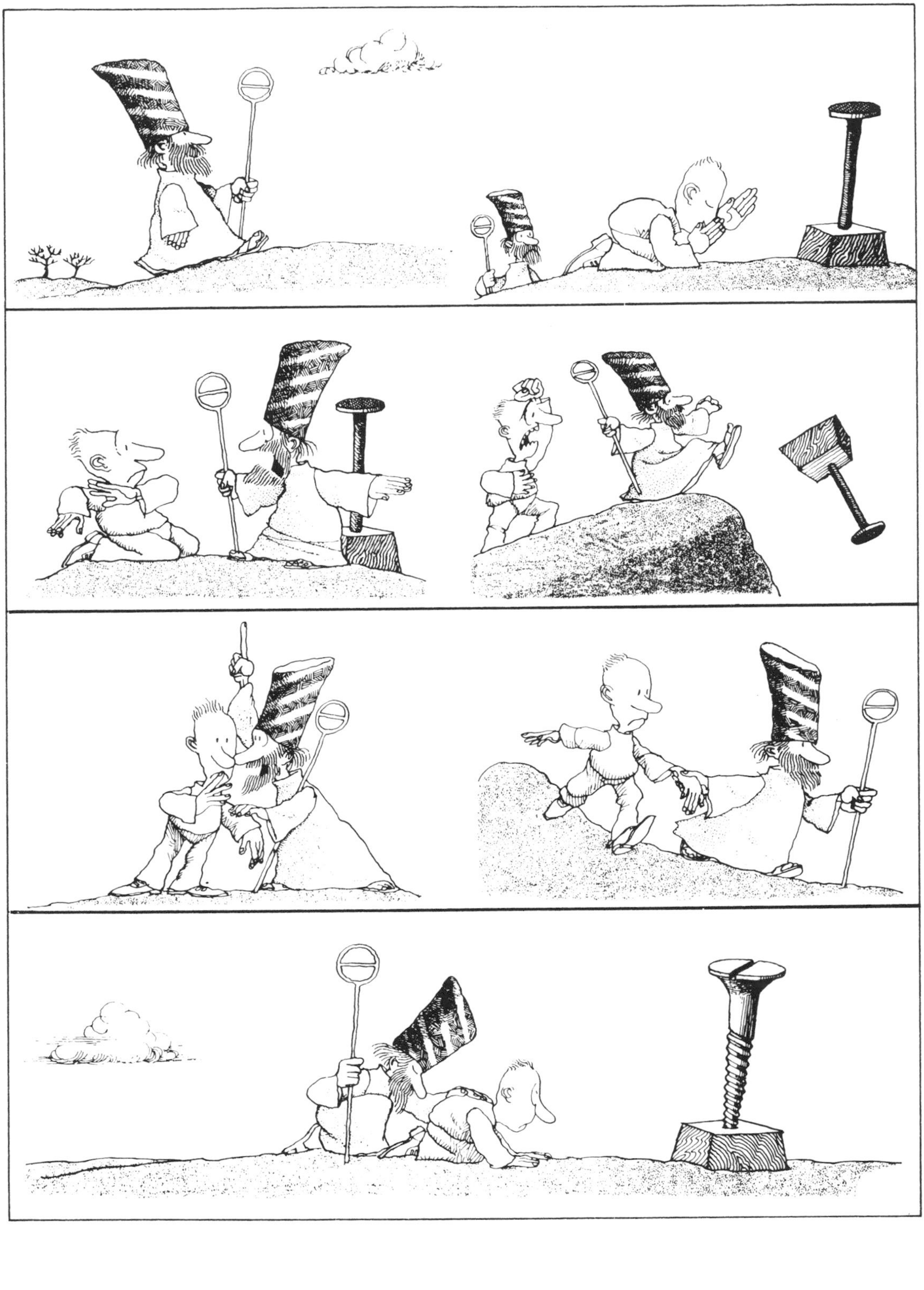

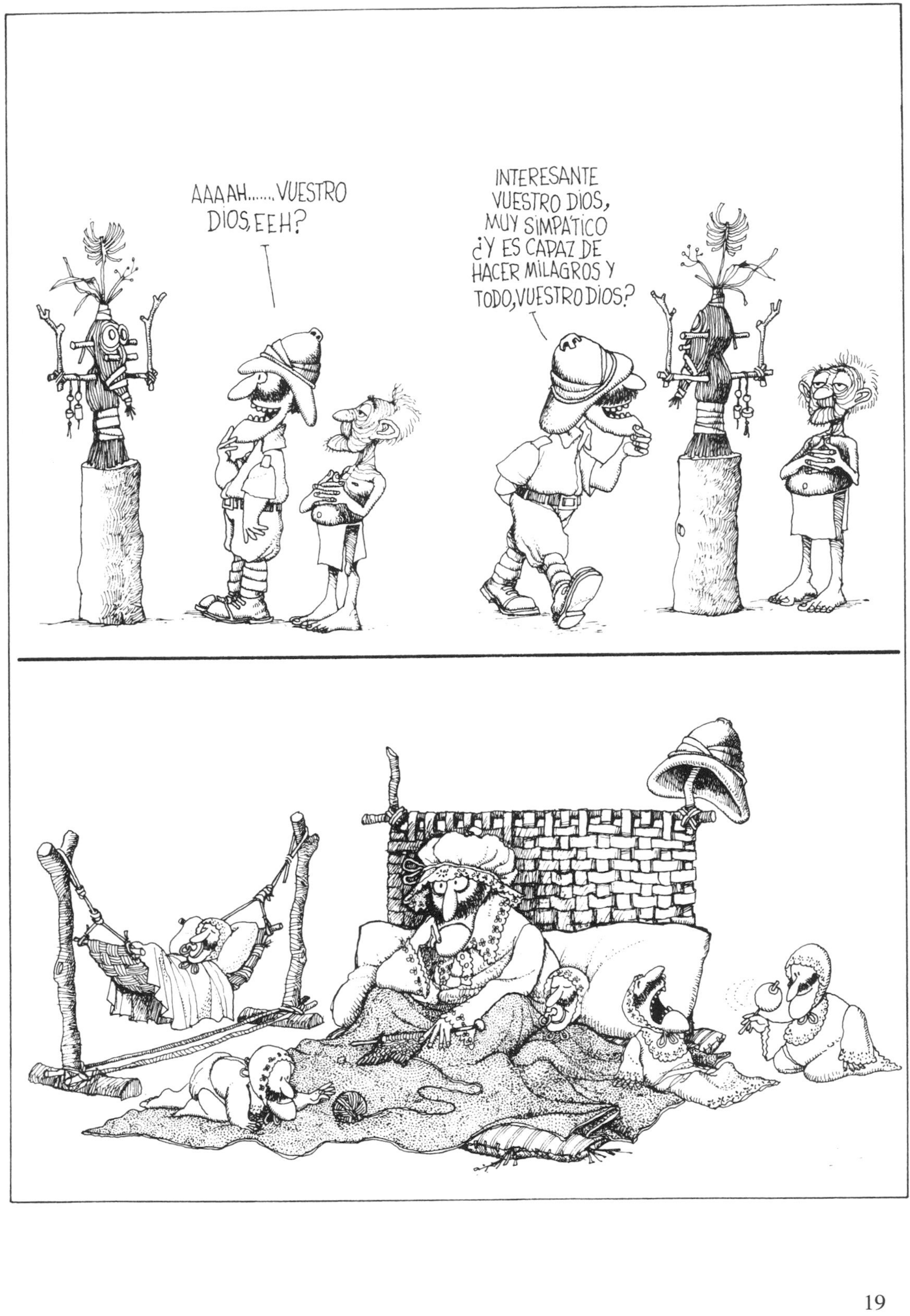
AAAAH...... VUESTRO DIOS, EEH?
INTERESANTE VUESTRO DIOS, MUY SIMPÁTICO ¿Y ES CAPAZ DE HACER MILAGROS Y TODO, VUESTRO DIOS?

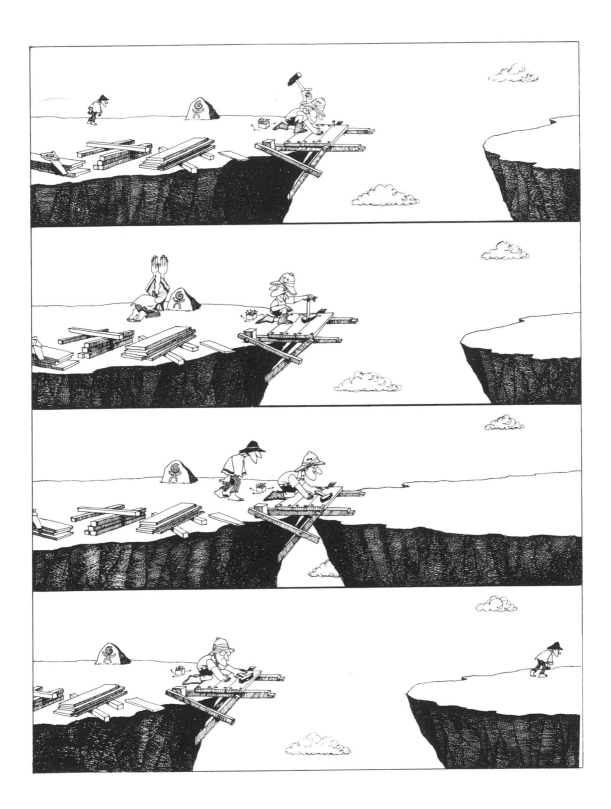

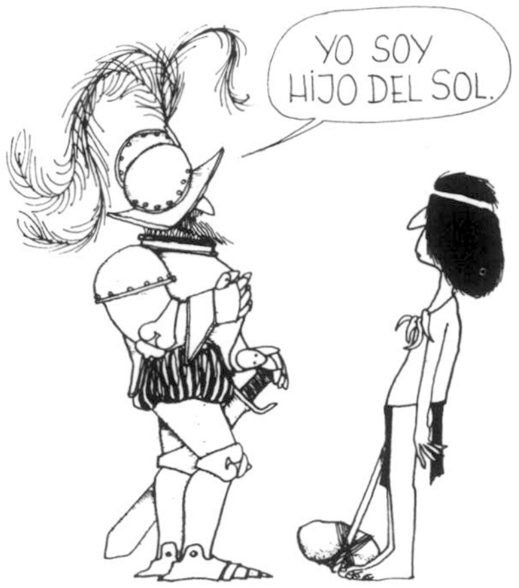

YO SOY HIJO DEL SOL.

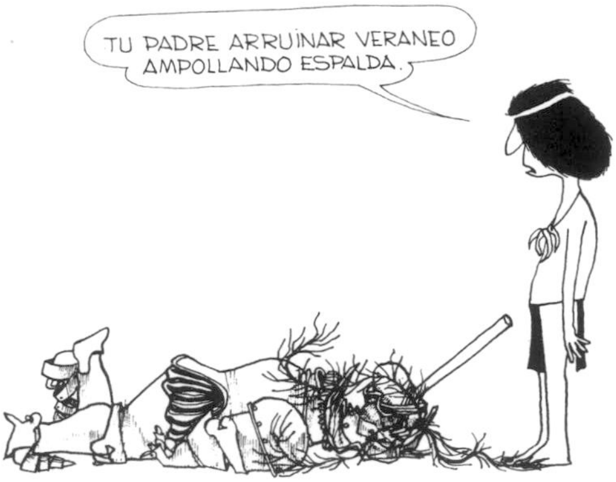

TU PADRE ARRUINAR VERANEO AMPOLLANDO ESPALDA.

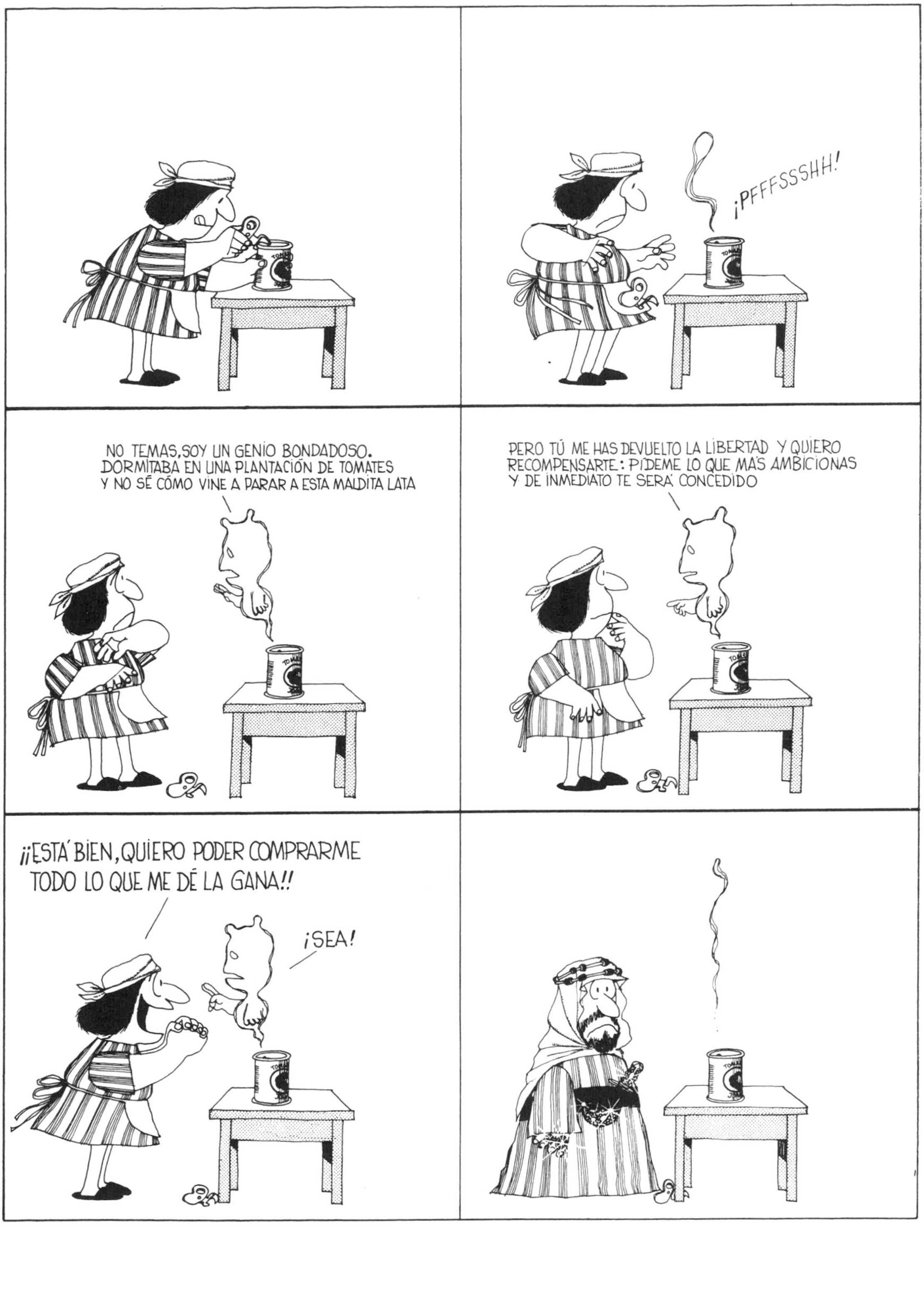
¡PFFFSSSHH!
NO TEMAS, SOY UN GENIO BONDADOSO. DORMITABA EN UNA PLANTACIÓN DE TOMATES Y NO SÉ CÓMO VINE A PARAR A ESTA MALDITA LATA
PERO TÚ ME HAS DEVUELTO LA LIBERTAD Y QUIERO RECOMPENSARTE: PÍDEME LO QUE MÁS AMBICIONAS Y DE INMEDIATO TE SERÁ CONCEDIDO
¡¡ESTÁ BIEN, QUIERO PODER COMPRARME TODO LO QUE ME DÉ LA GANA!!
¡SEA!

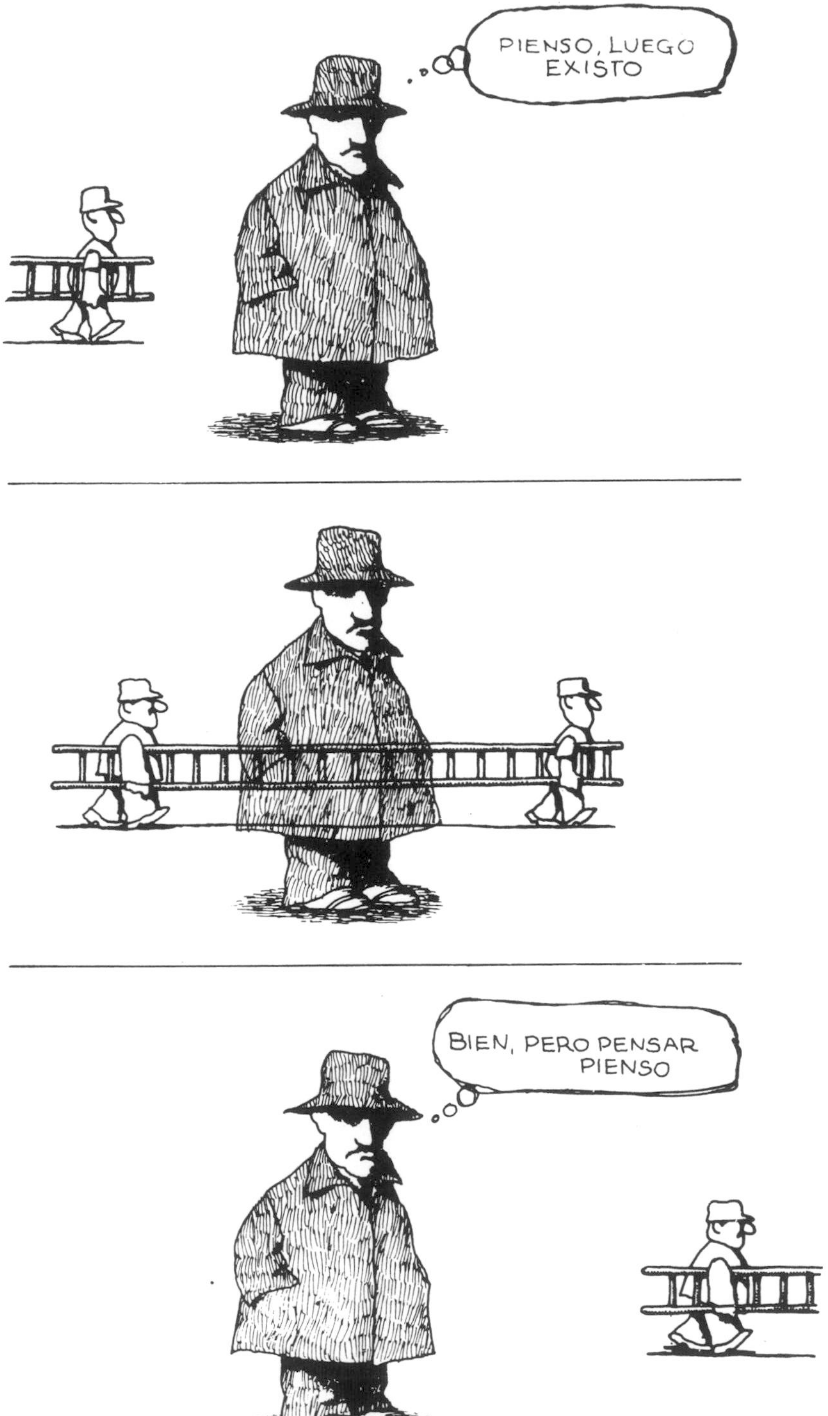
PIENSO, LUEGO EXISTO
BIEN, PERO PENSAR PIENSO

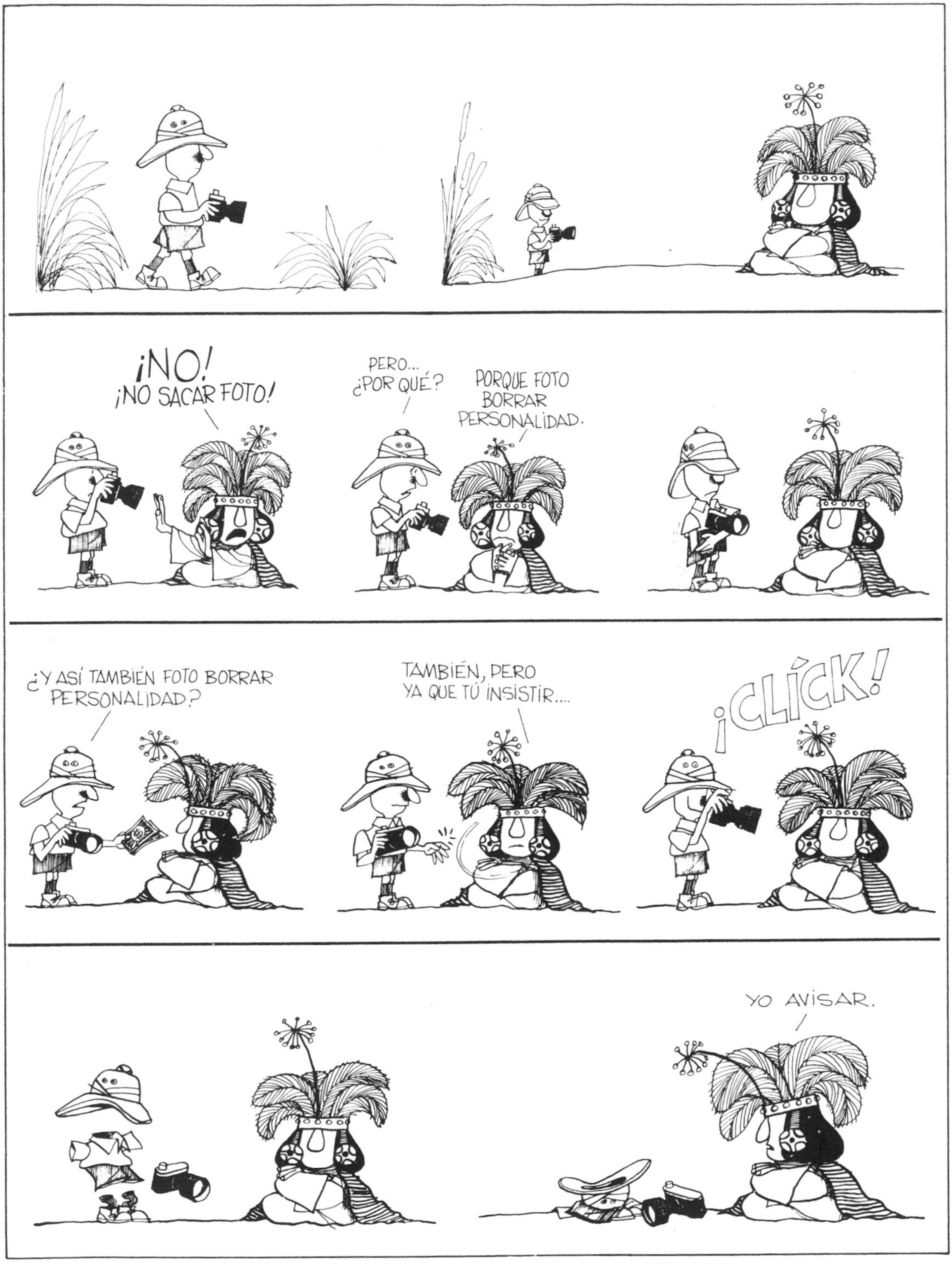
¡NO! ¡NO SACAR FOTO!
PERO... ¿POR QUÉ?
PORQUE FOTO BORRAR PERSONALIDAD.
¿Y ASÍ TAMBIÉN FOTO BORRAR PERSONALIDAD?
TAMBIÉN, PERO YA QUE TÚ INSISTIR....
¡CLICK!
YO AVISAR.

QUEJAS

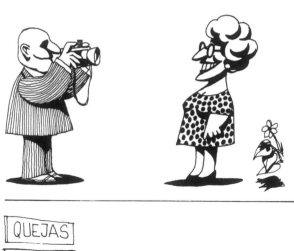

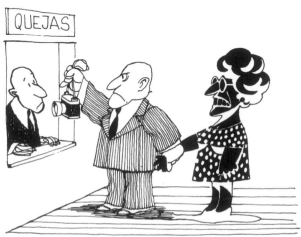

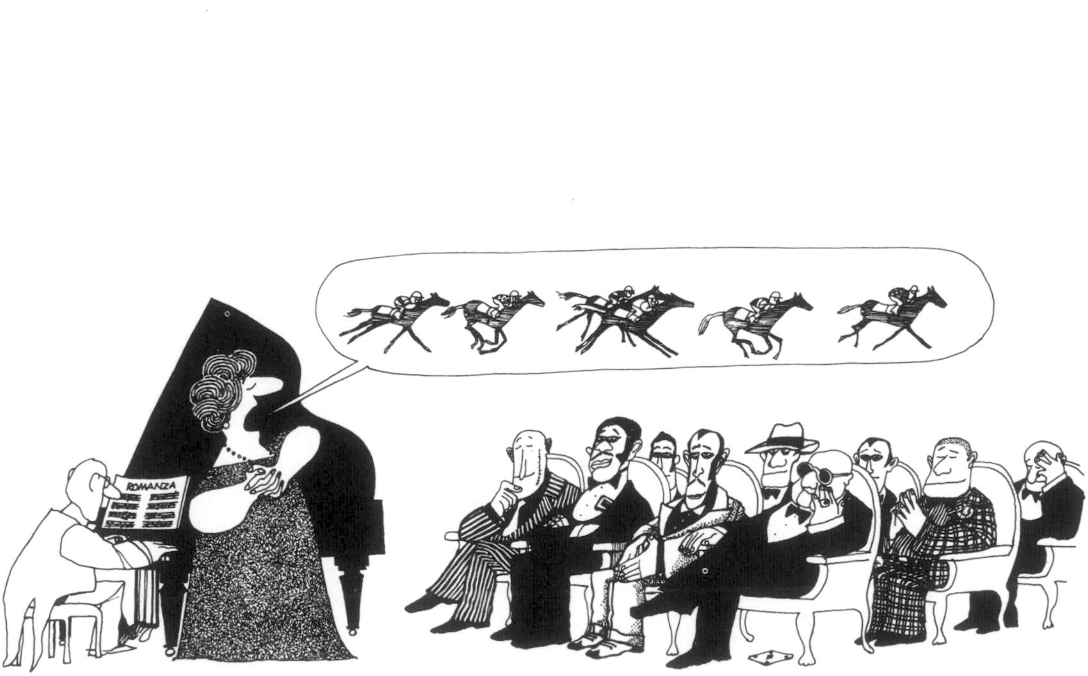
ROMANZA

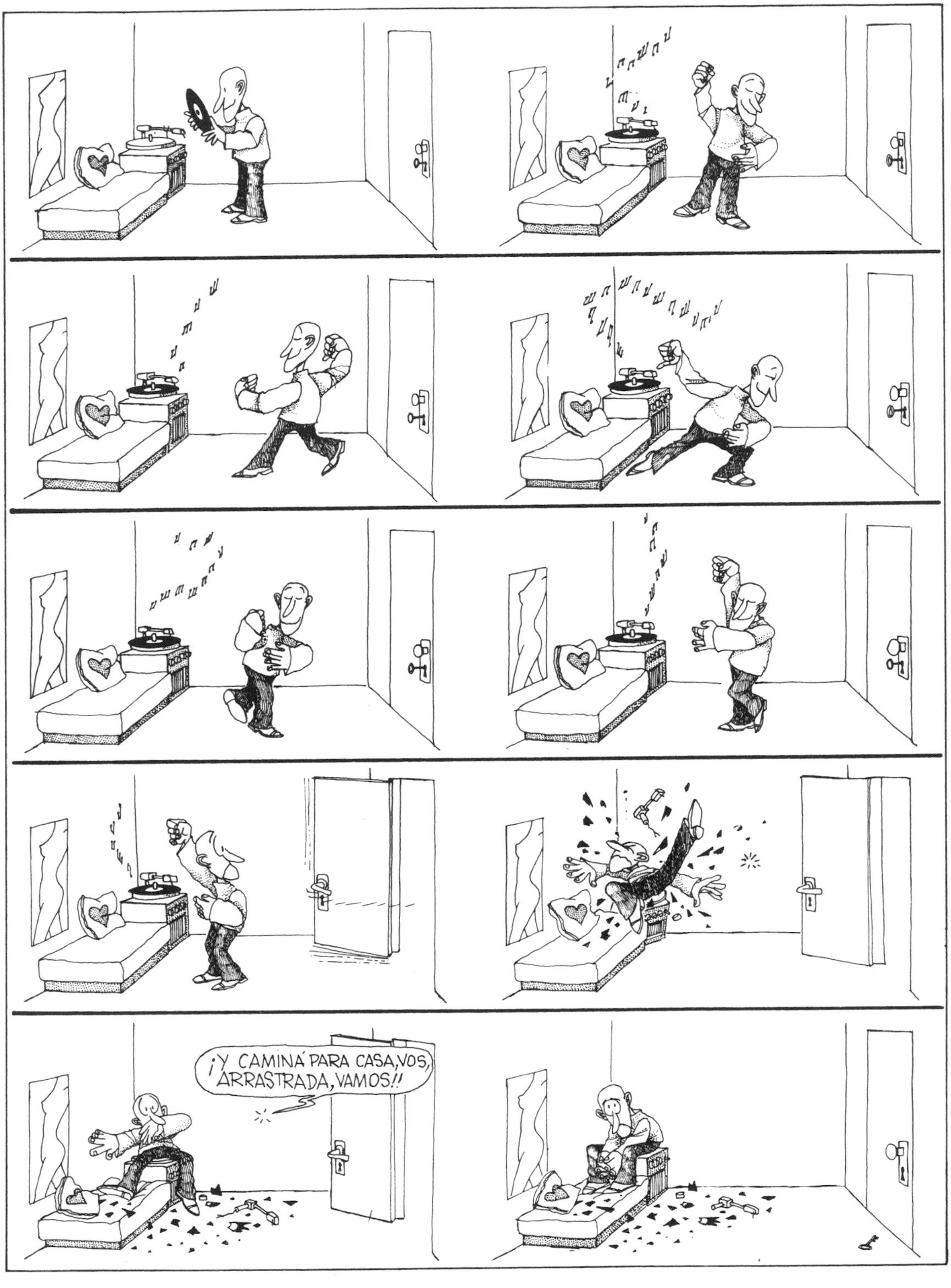
¡Y CAMINÁ PARA CASA,VOS, ARRASTRADA,VAMOS!!

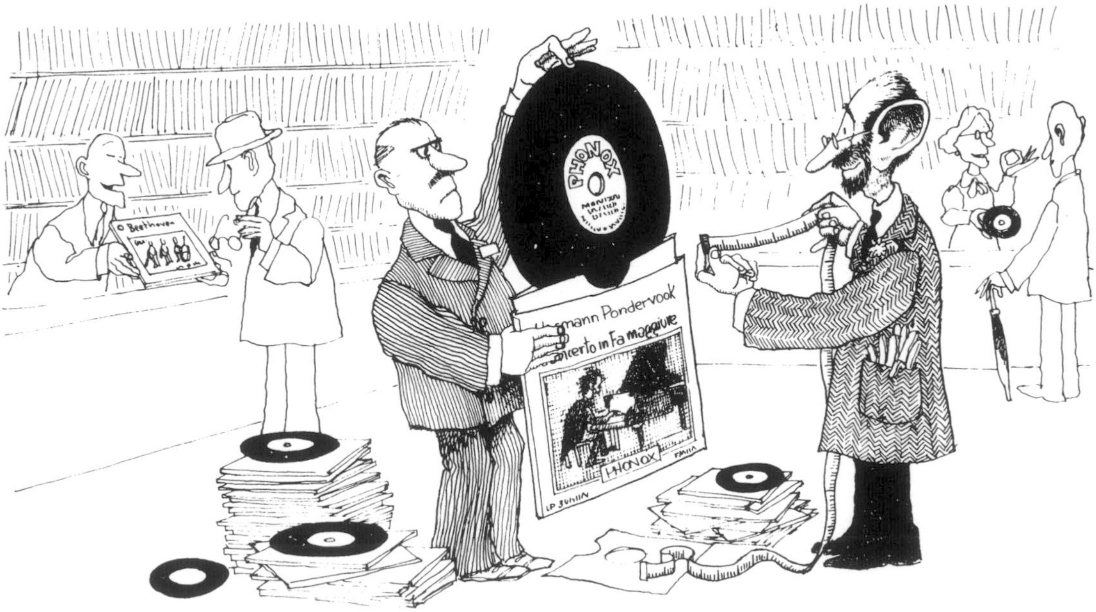
Beethoven
PHONOX
PHONOX

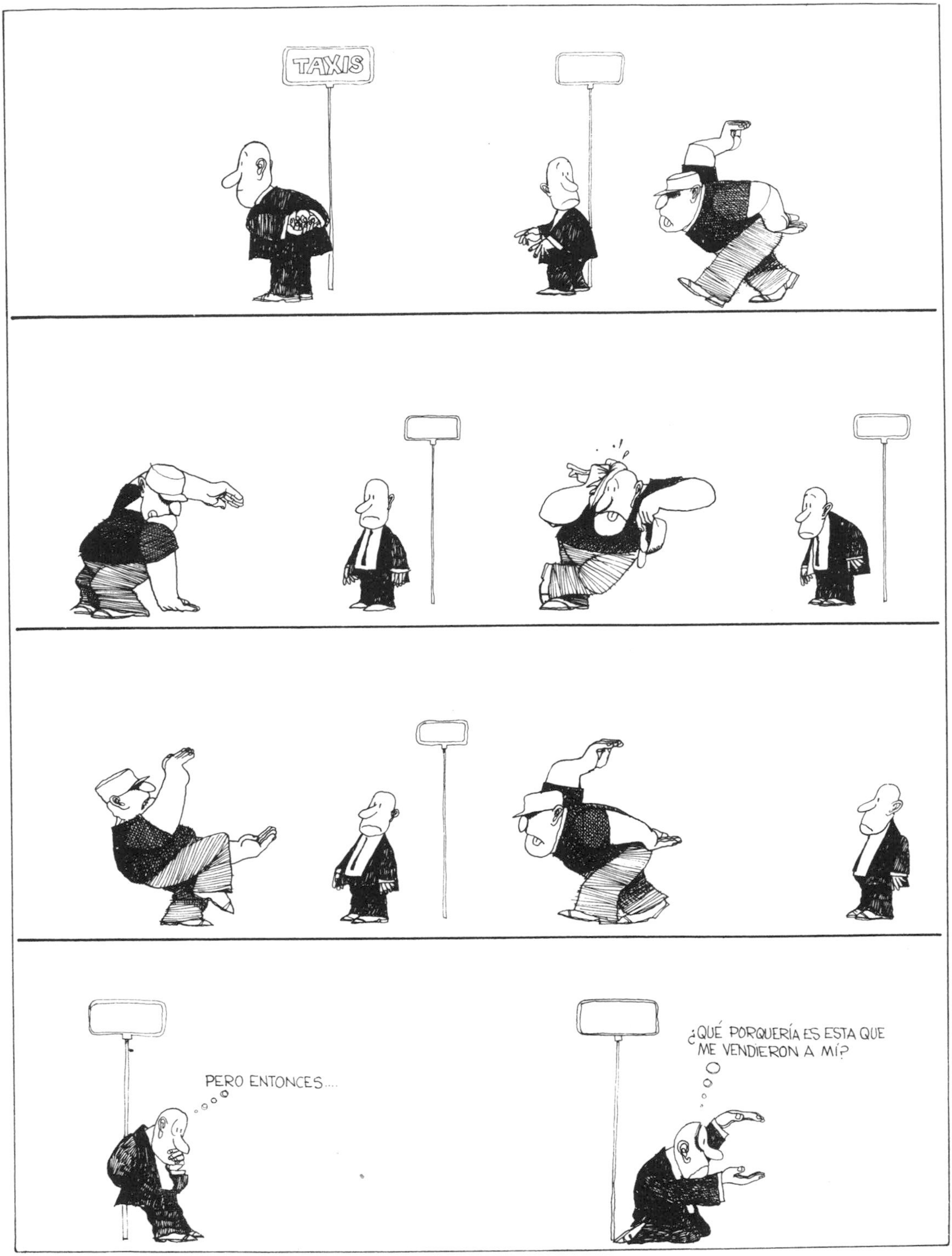
TAXIS
PERO ENTONCES....
¿QUÉ PORQUERÍA ES ESTA QUE ME VENDIERON A MÍ?

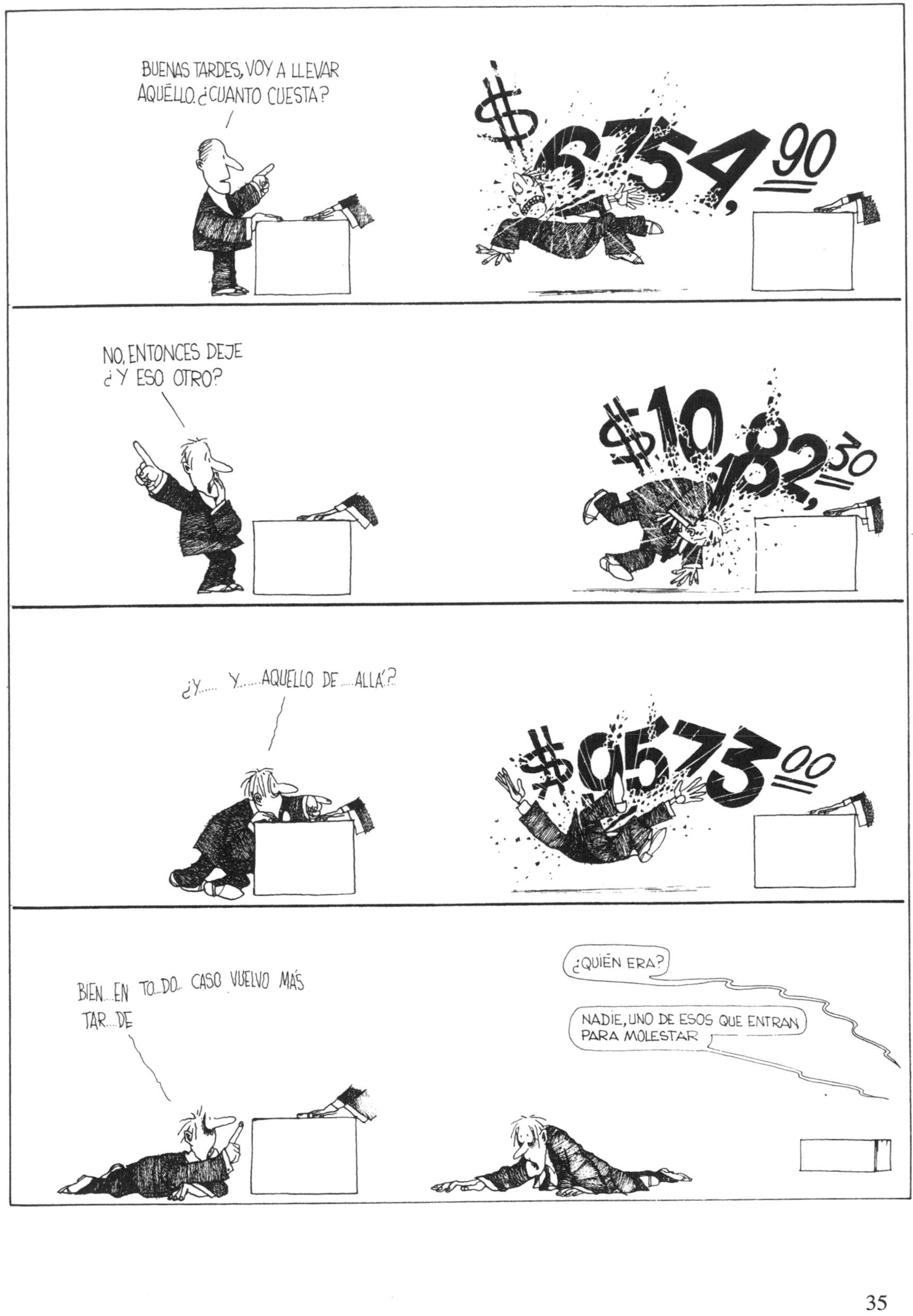
BUENAS TARDES, VOY A LLEVAR AQUÉLLO. ¿CUANTO CUESTA?
$6754,90
NO, ENTONCES DEJE ¿Y ESO OTRO?
$10182,30
¿Y..... Y......AQUELLO DE .....ALLÁ?
$9573,00
BIEN...EN TO..DO.. CASO VUELVO MÁS TAR...DE
¿QUIÉN ERA?
NADIE, UNO DE ESOS QUE ENTRAN PARA MOLESTAR

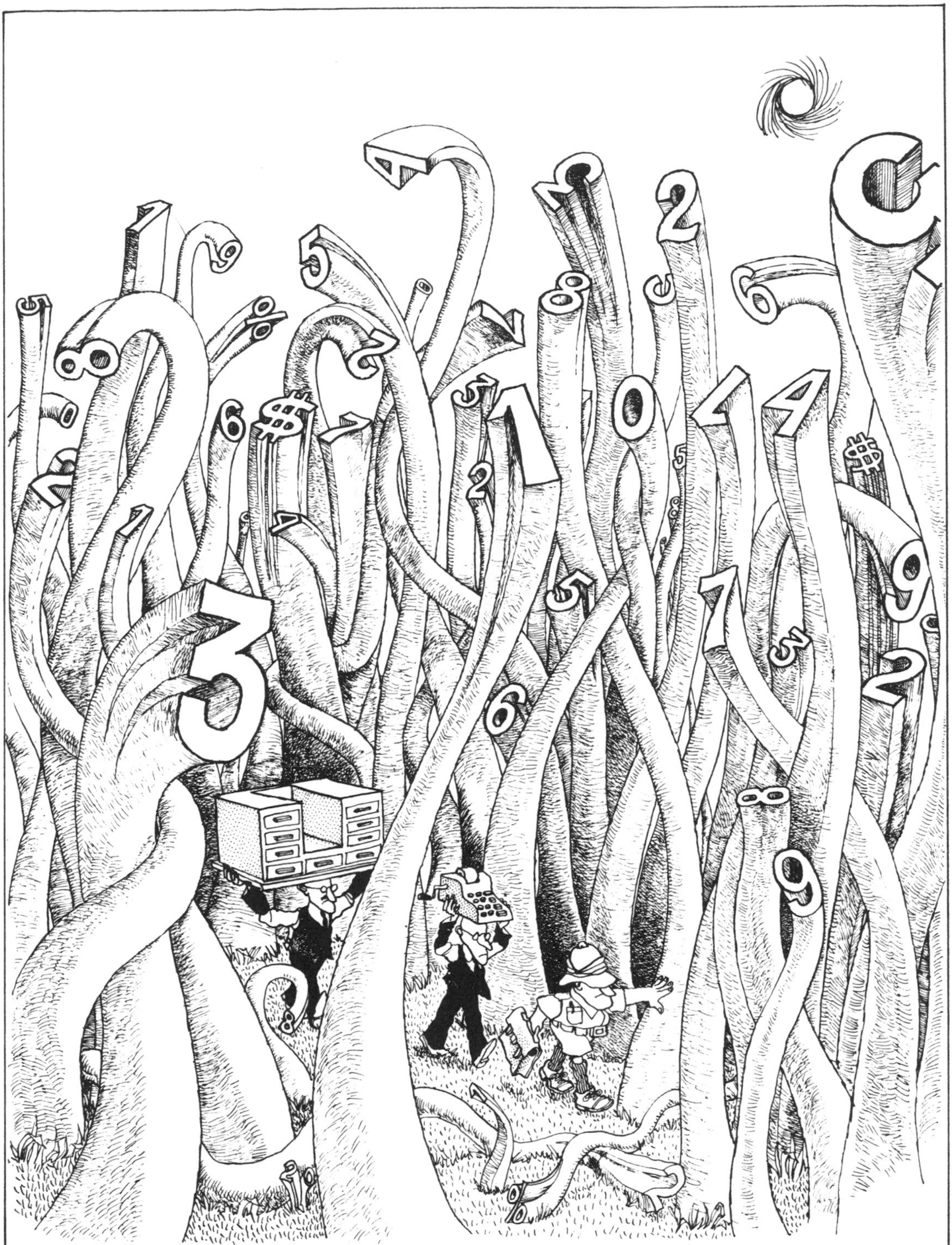

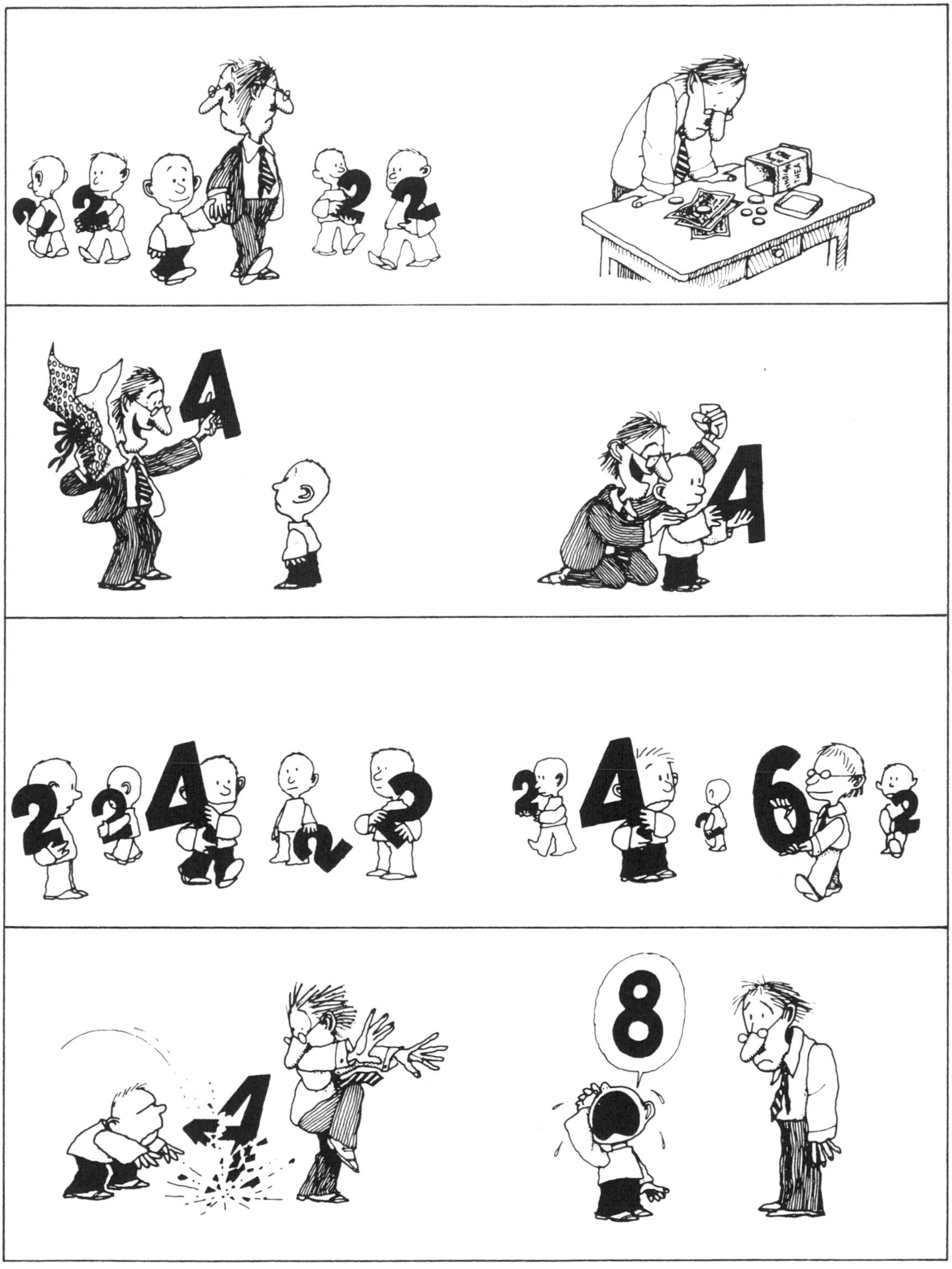
8

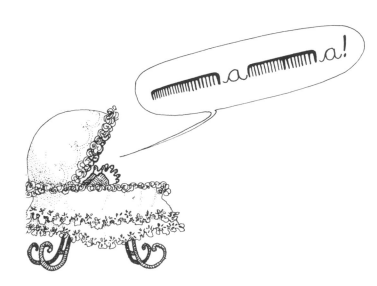

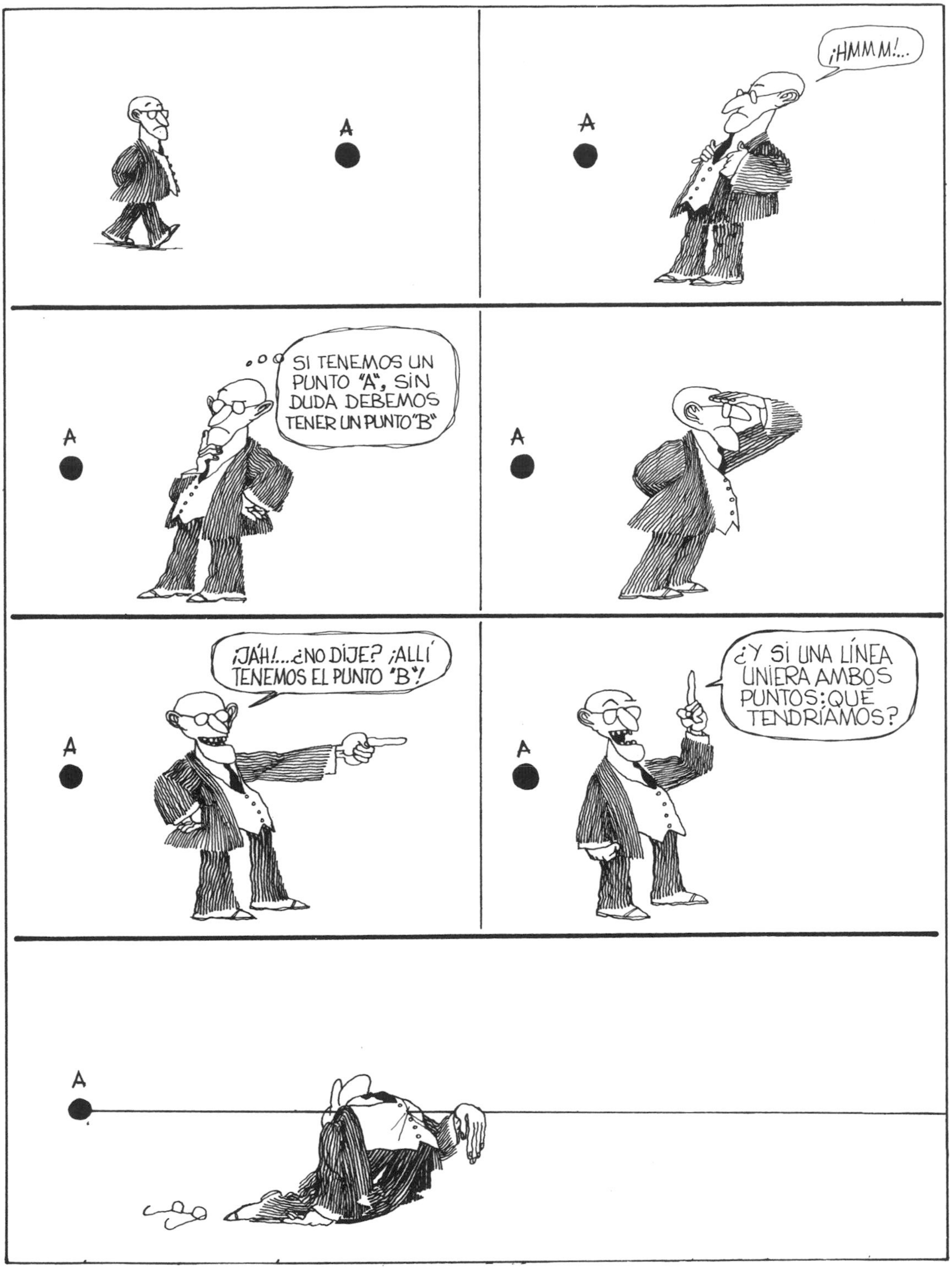
¡HMMM!...
SI TENEMOS UN PUNTO "A", SIN DUDA DEBEMOS TENER UN PUNTO "B"
¡JÁH!... ¿NO DIJE? ¡ALLÍ TENEMOS EL PUNTO "B"!
¿Y SI UNA LÍNEA UNIERA AMBOS PUNTOS: QUÉ TENDRÍAMOS?

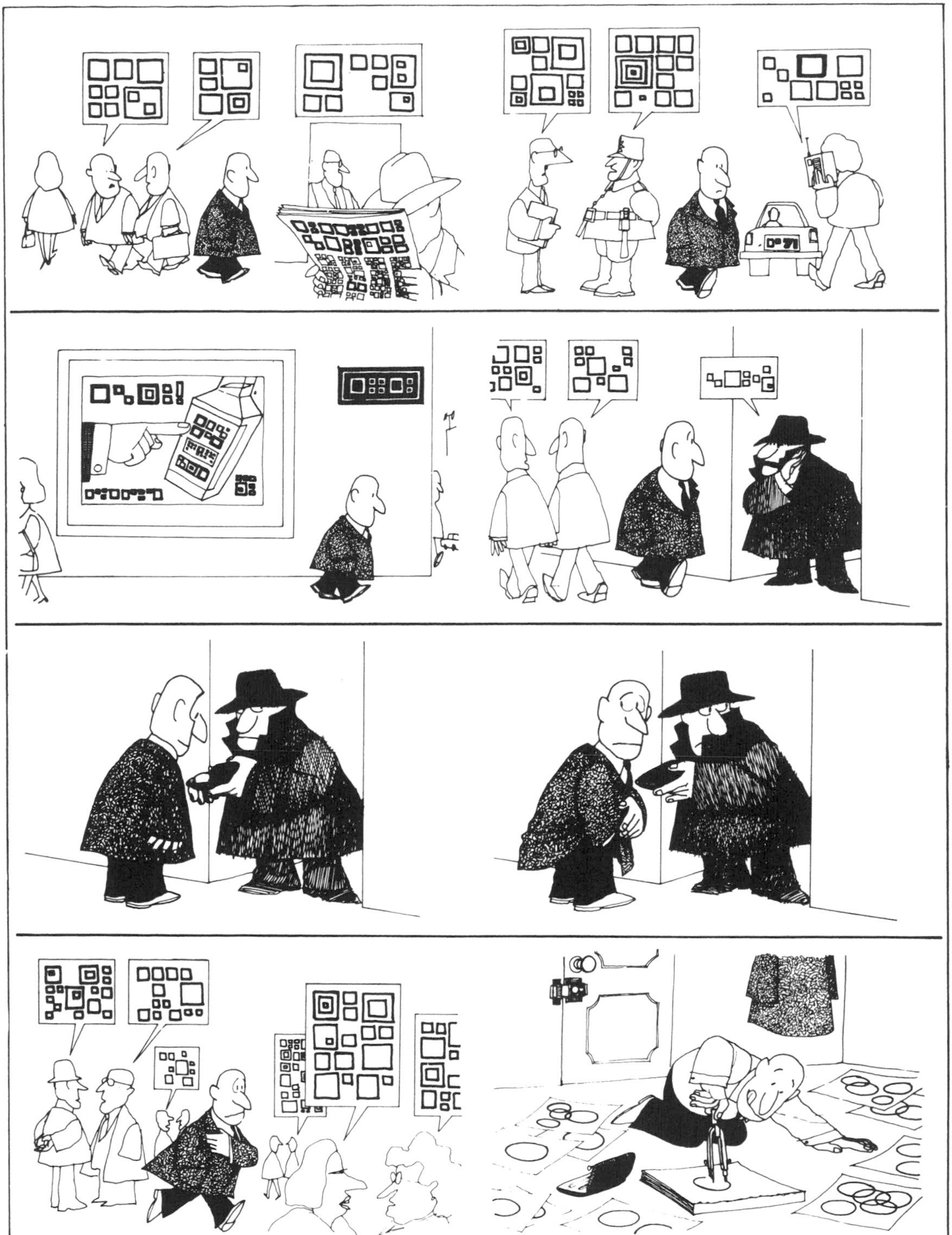

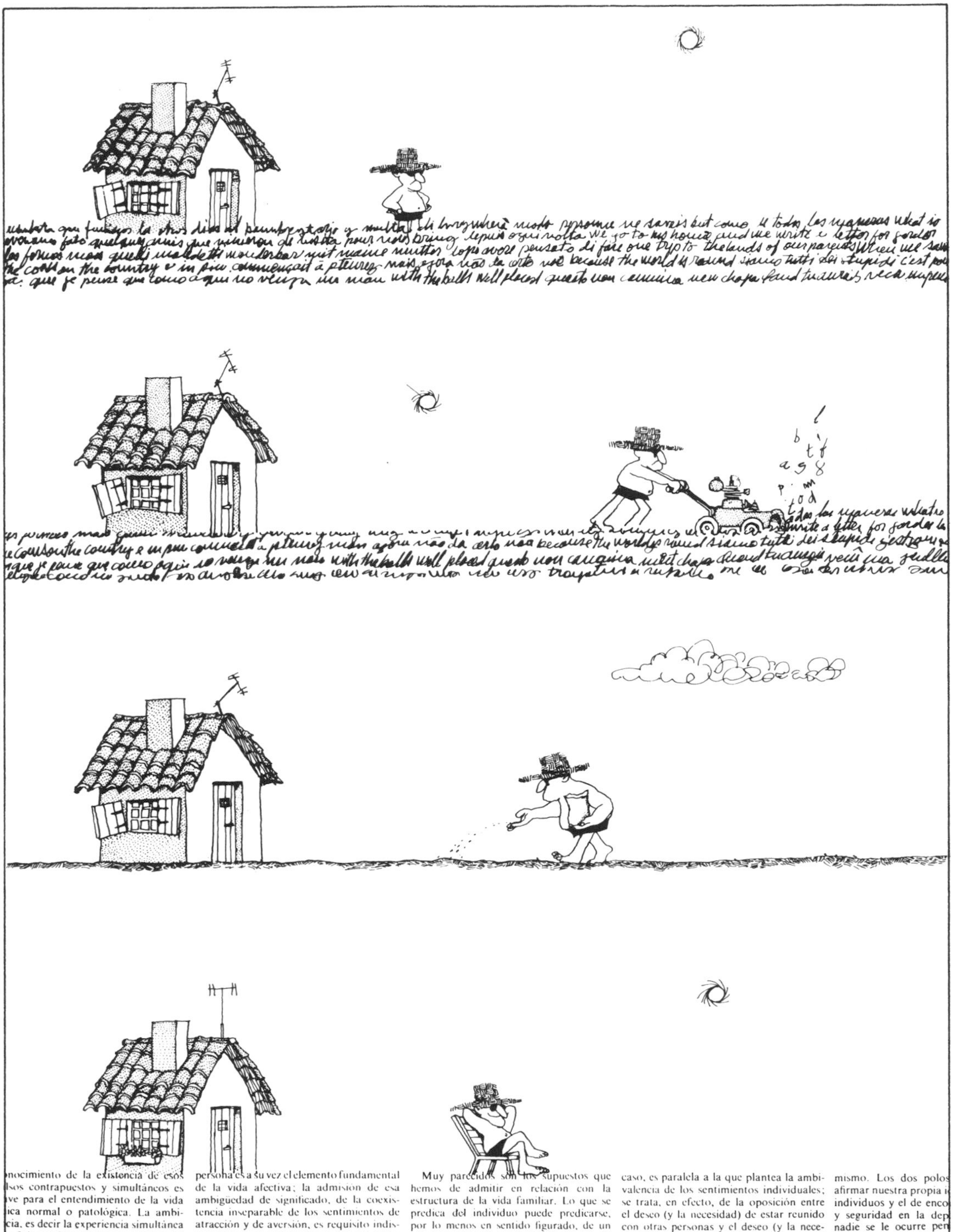
nocimiento de la existencia de esos
lsos contrapuestos y simultáneos es
ve para el entendimiento de la vida
ica normal o patológica. La ambi-
cia, es decir la experiencia simultánea
aficion y la aversión a una misma
persona es a su vez el elemento fundamental
de la vida afectiva; la admisión de esa
ambigüedad de significado, de la coexis-
tencia inseparable de los sentimientos de
atracción y de aversión, es requisito indis-
pensable para cualquier entendimiento
Muy parecidos son los supuestos que
hemos de admitir en relación con la
estructura de la vida familiar. Lo que se
predica del individuo puede predicarse,
por lo menos en sentido figurado, de un
grupo de individuos. La situación, en este
caso, es paralela a la que plantea la ambi-
valencia de los sentimientos individuales;
se trata, en efecto, de la oposición entre
el deseo (y la necesidad) de estar reunido
con otras personas y el deseo (y la necesidad) de estar solo y de subsistir por uno
mismo. Los dos polos
afirmar nuestra propia i
individuos y el de enco
y seguridad en la dep
nadie se le ocurre pen
que tendrá para la ma

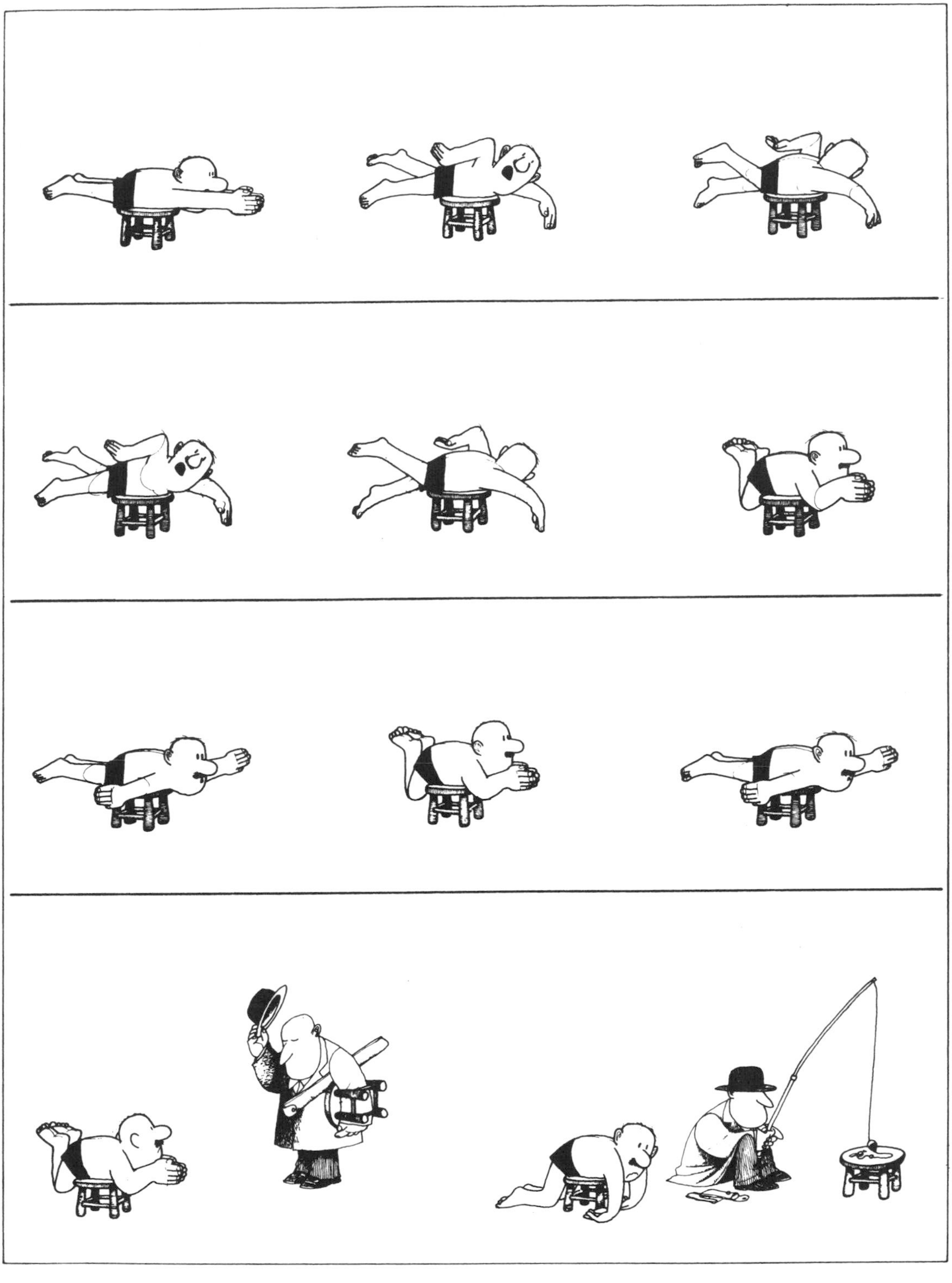

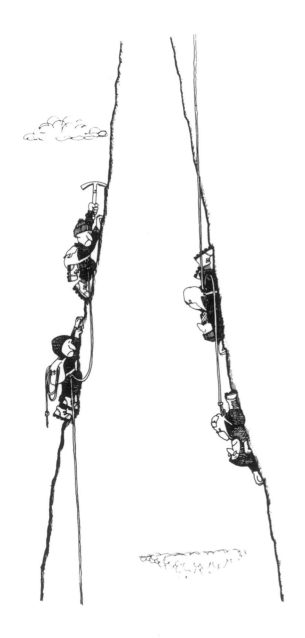

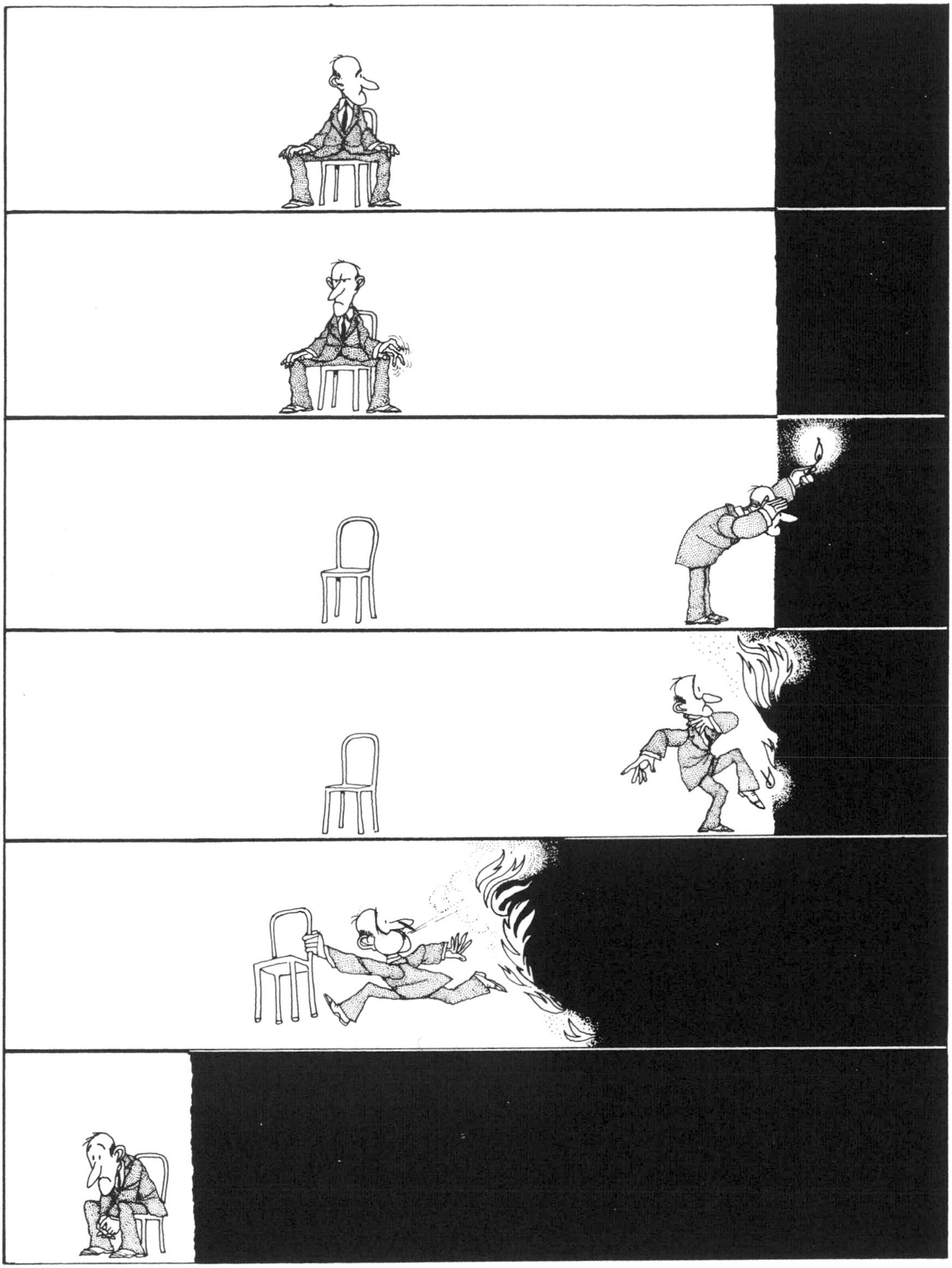

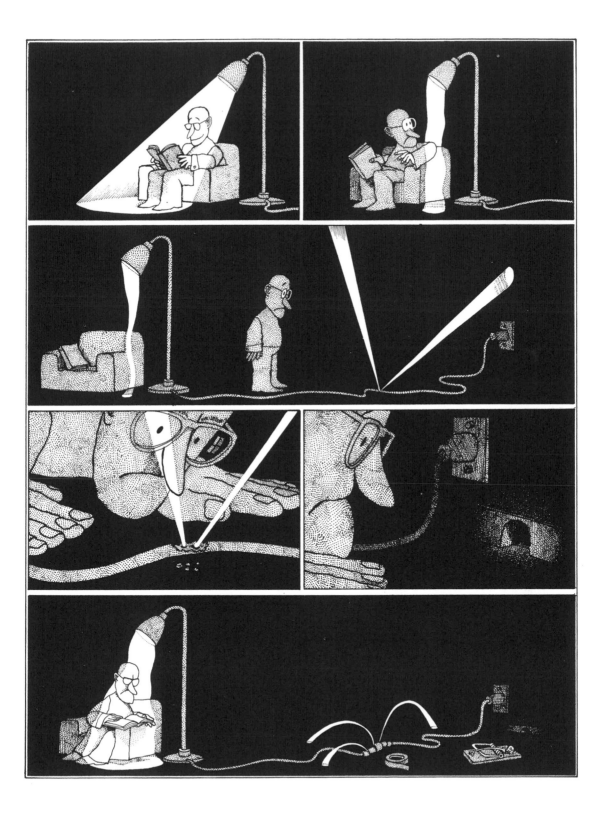

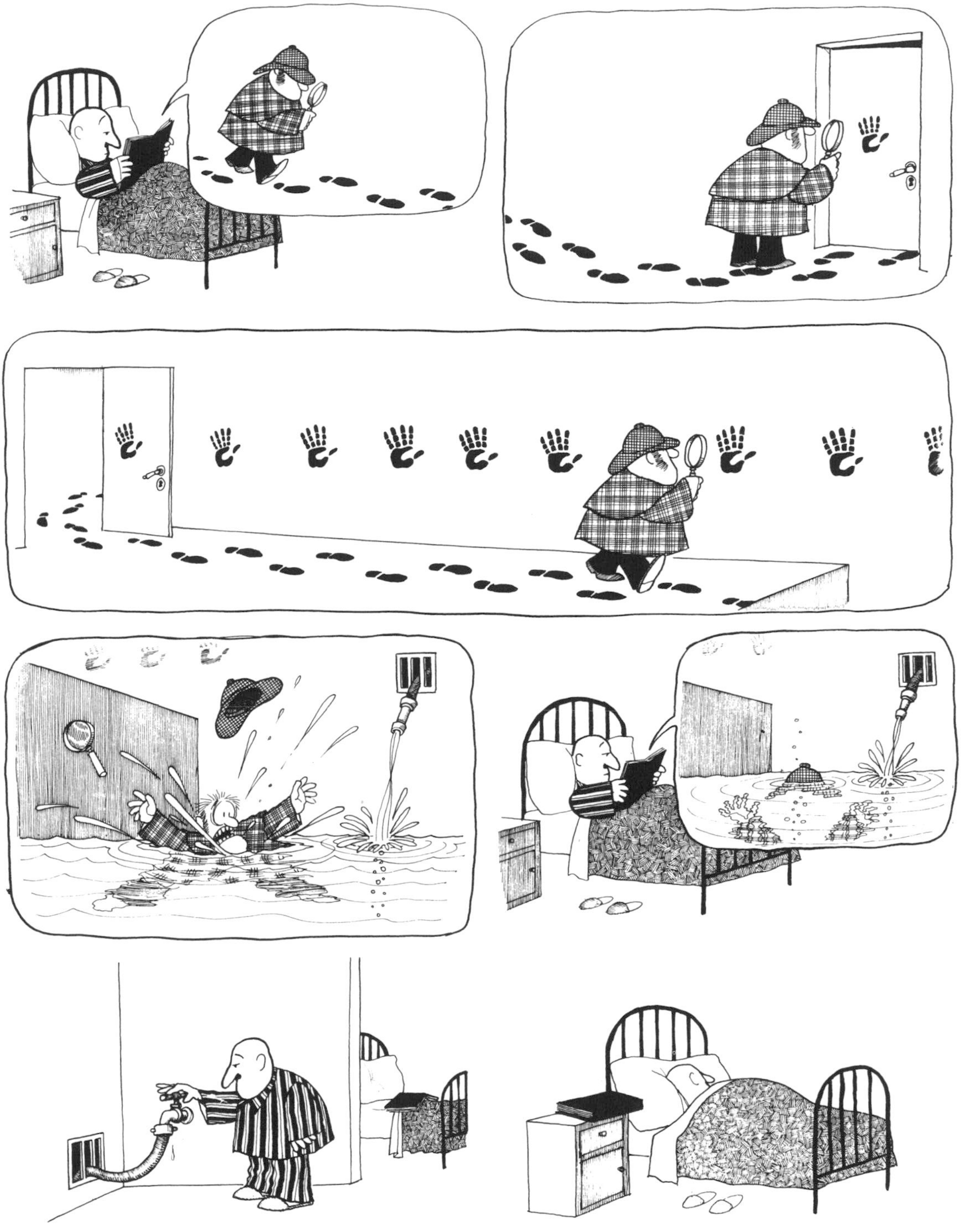

señas particulares:_____

:lares: *ninguna*____

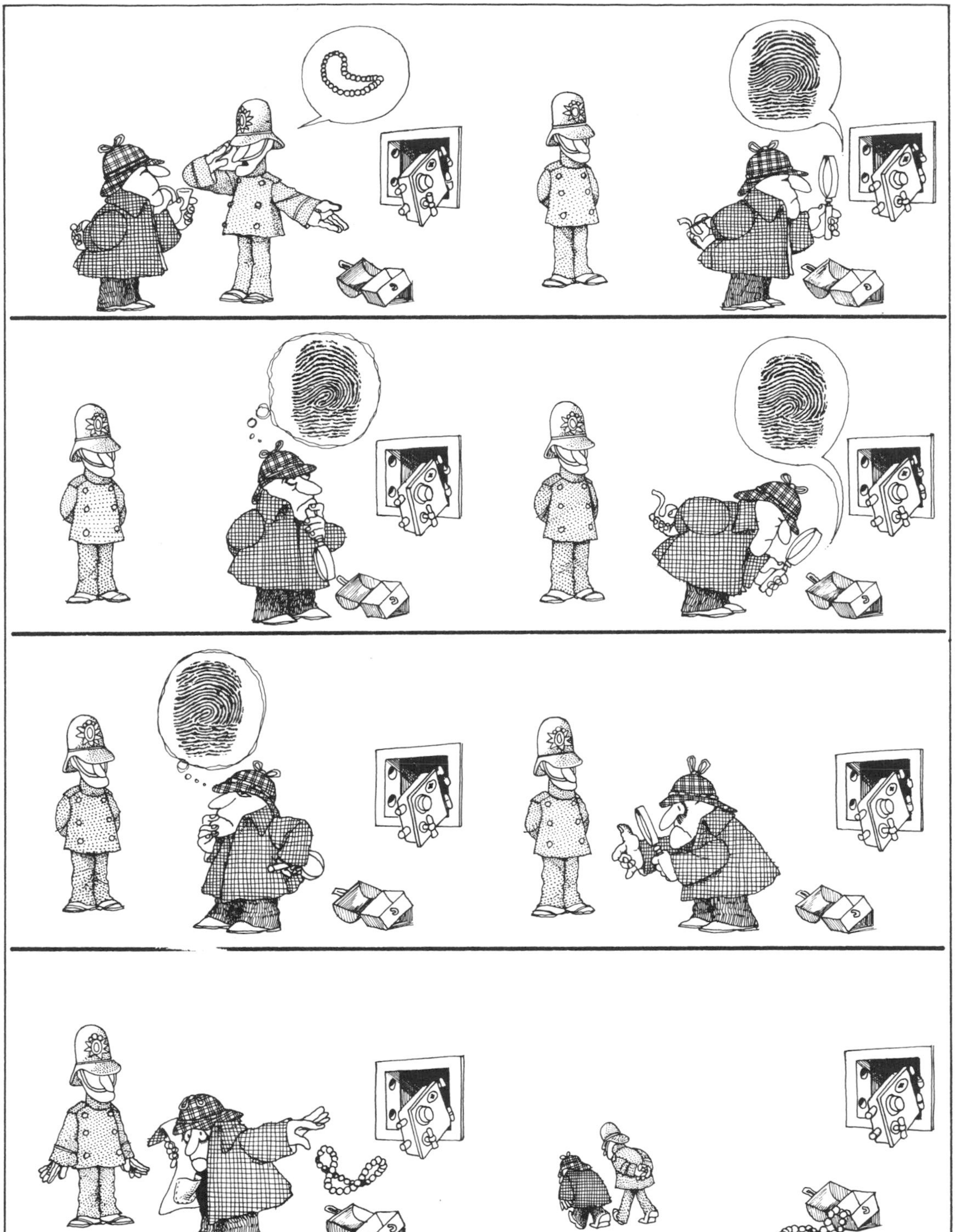

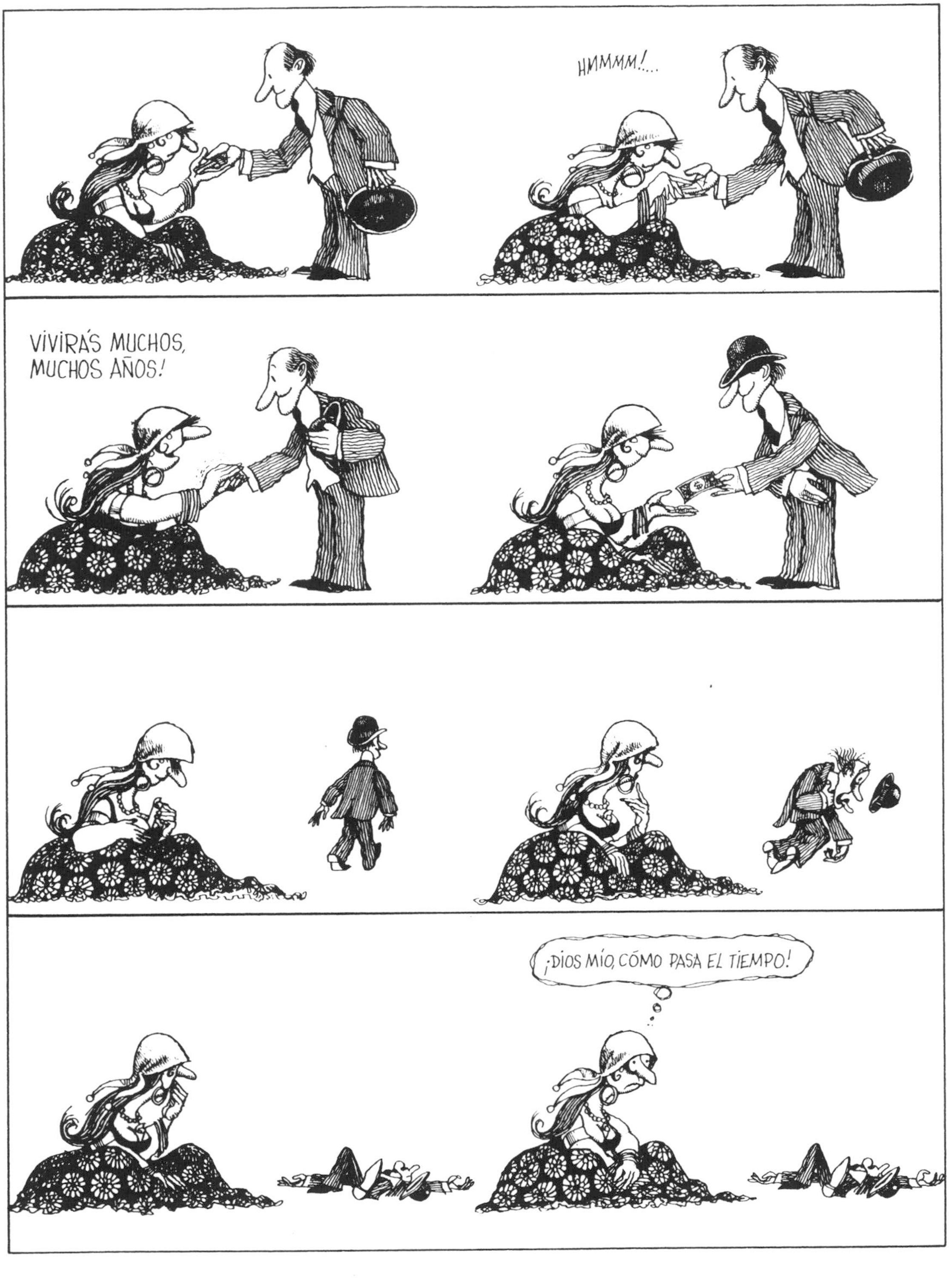
HMMMM!...
VIVIRÁS MUCHOS, MUCHOS AÑOS!
¡DIOS MÍO, CÓMO PASA EL TIEMPO!

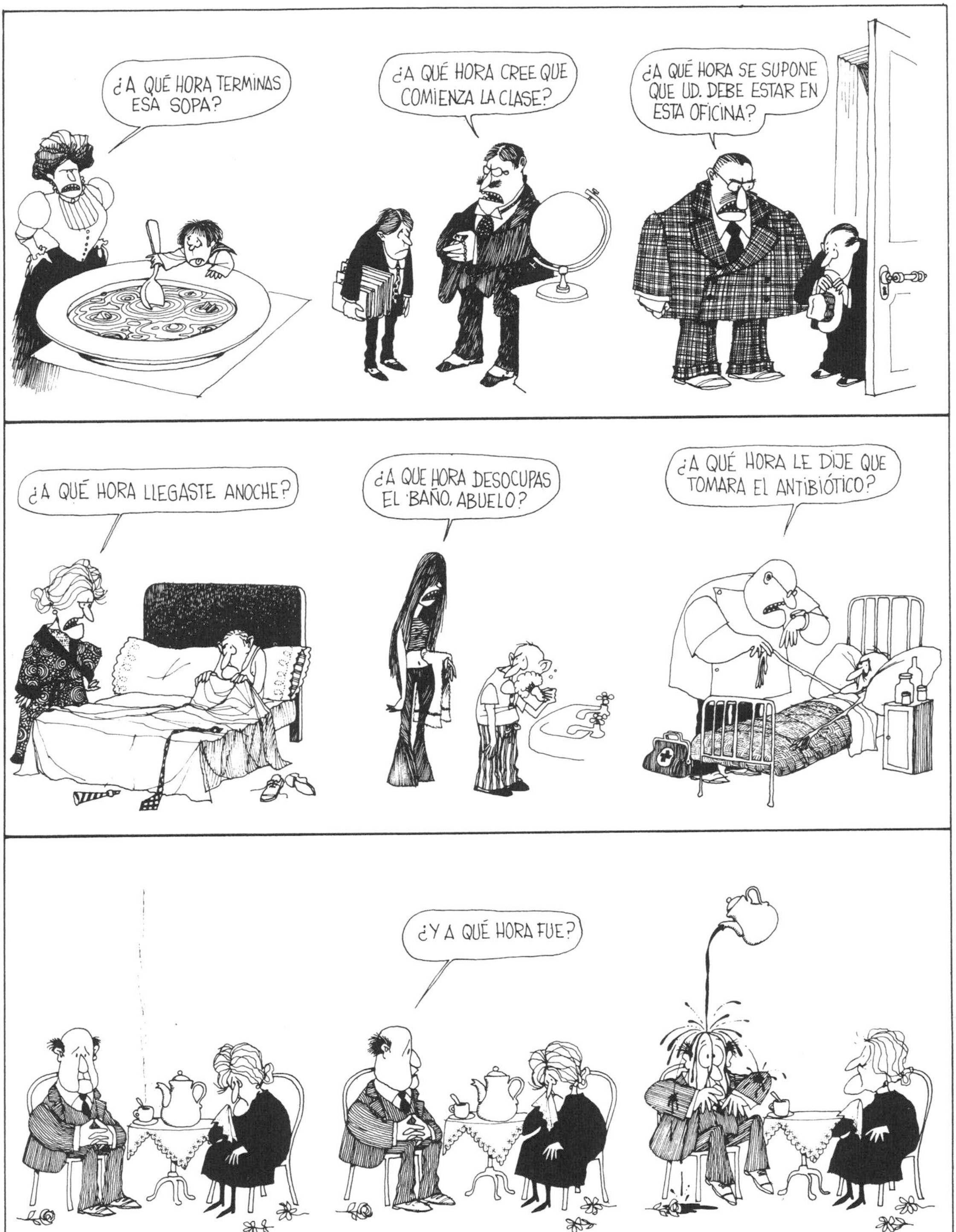
¿A QUÉ HORA TERMINAS ESA SOPA?
¿A QUÉ HORA CREE QUE COMIENZA LA CLASE?
¿A QUÉ HORA SE SUPONE QUE UD. DEBE ESTAR EN ESTA OFICINA?
¿A QUÉ HORA LLEGASTE ANOCHE?
¿A QUE HORA DESOCUPAS EL BAÑO, ABUELO?
¿A QUÉ HORA LE DIJE QUE TOMARA EL ANTIBIÓTICO?
¿Y A QUÉ HORA FUE?

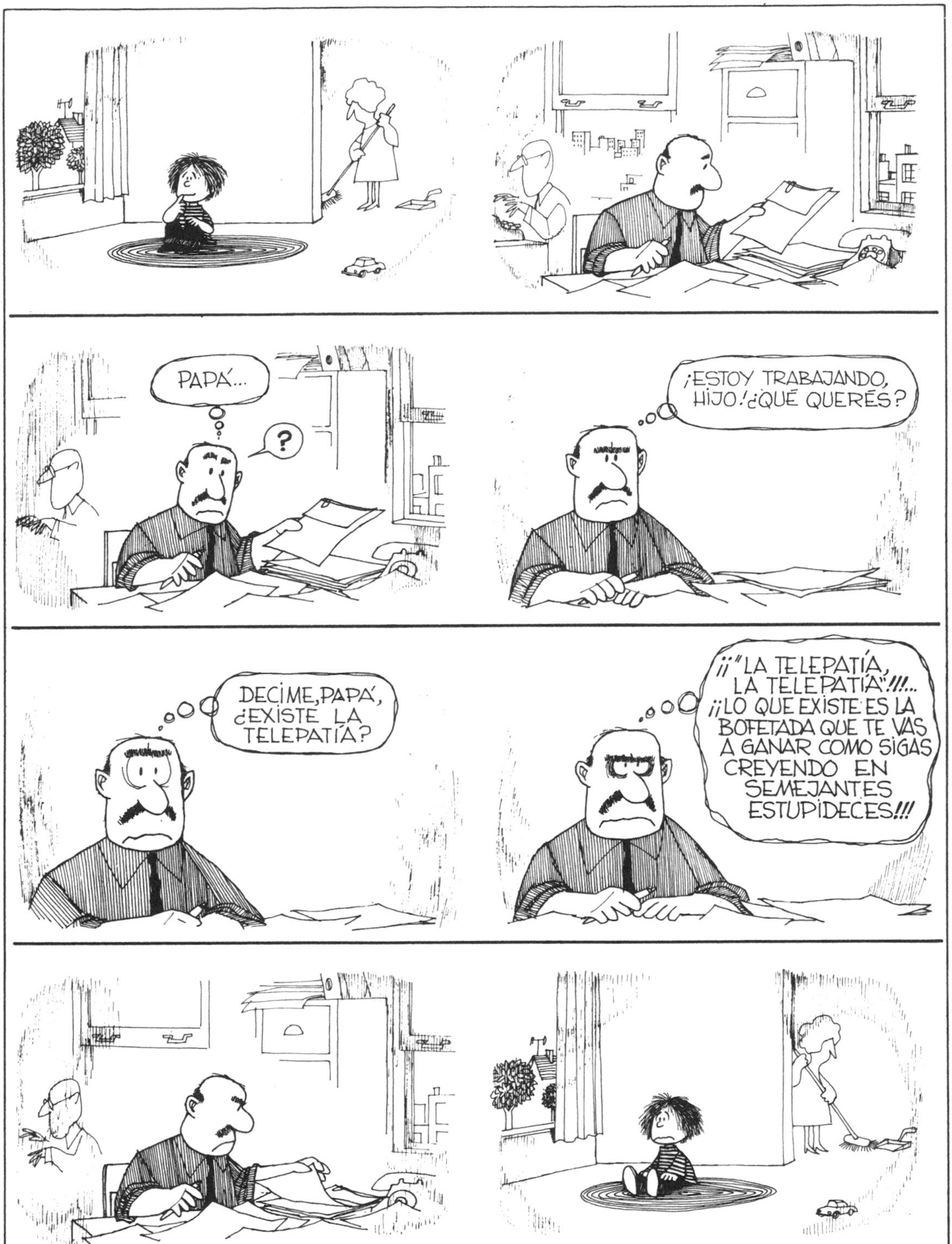
PAPÁ...
?
¡ESTOY TRABAJANDO, HIJO! ¿QUÉ QUERÉS?
DECIME, PAPÁ, ¿EXISTE LA TELEPATÍA?
¡¡"LA TELEPATÍA, LA TELEPATÍA"!!!... ¡¡LO QUE EXISTE ES LA BOFETADA QUE TE VAS A GANAR COMO SIGAS CREYENDO EN SEMEJANTES ESTUPIDECES!!!

¿QUÉ?....
¡NO!....
¡COMPRAR CEPILLOS!.... ¡COMO PARA COMPRAR CEPILLOS ESTOY YO!

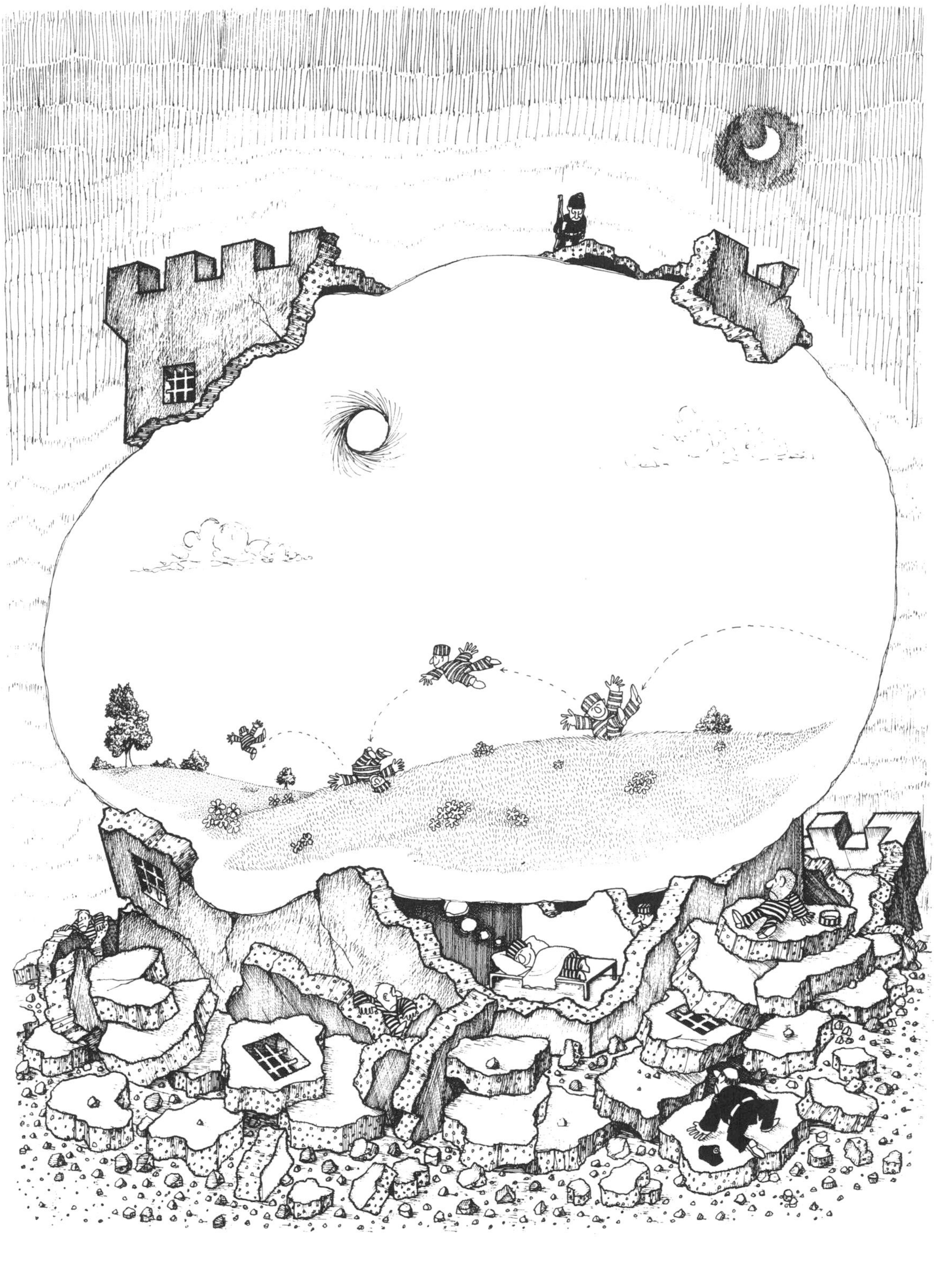

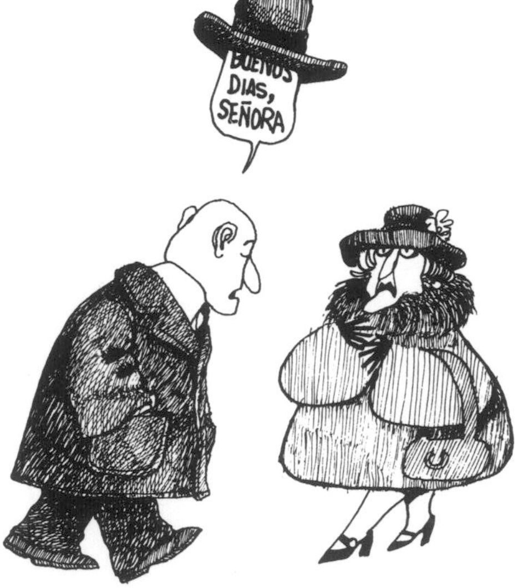
BUENOS DIAS, SEÑORA

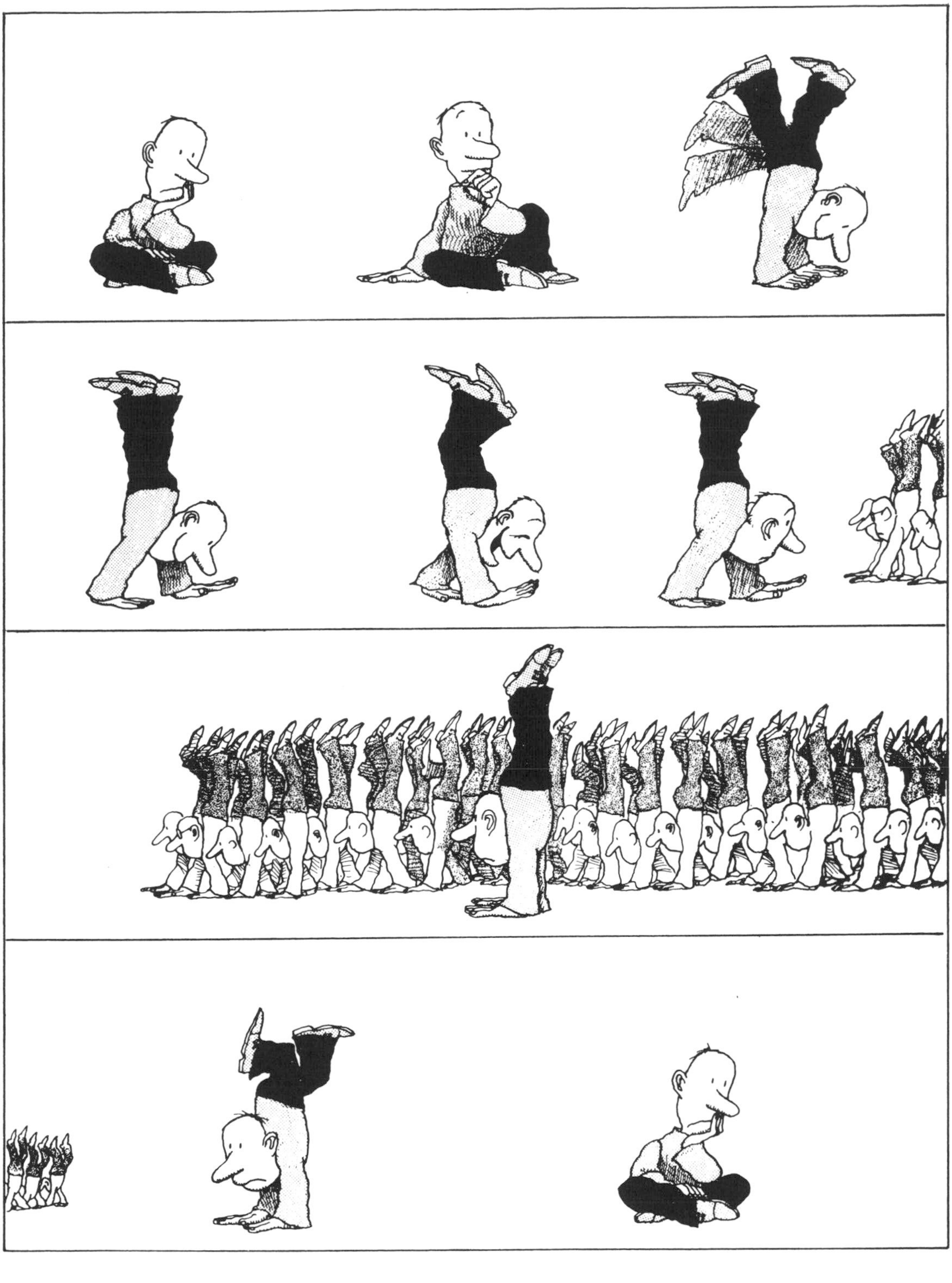

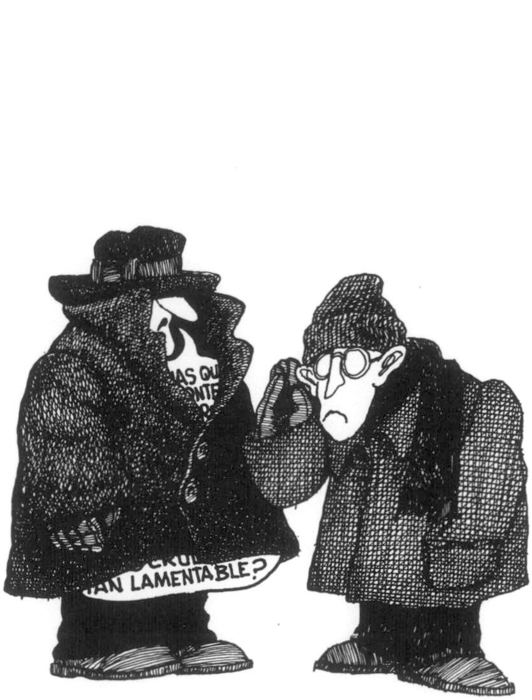
LAMENTABLE?

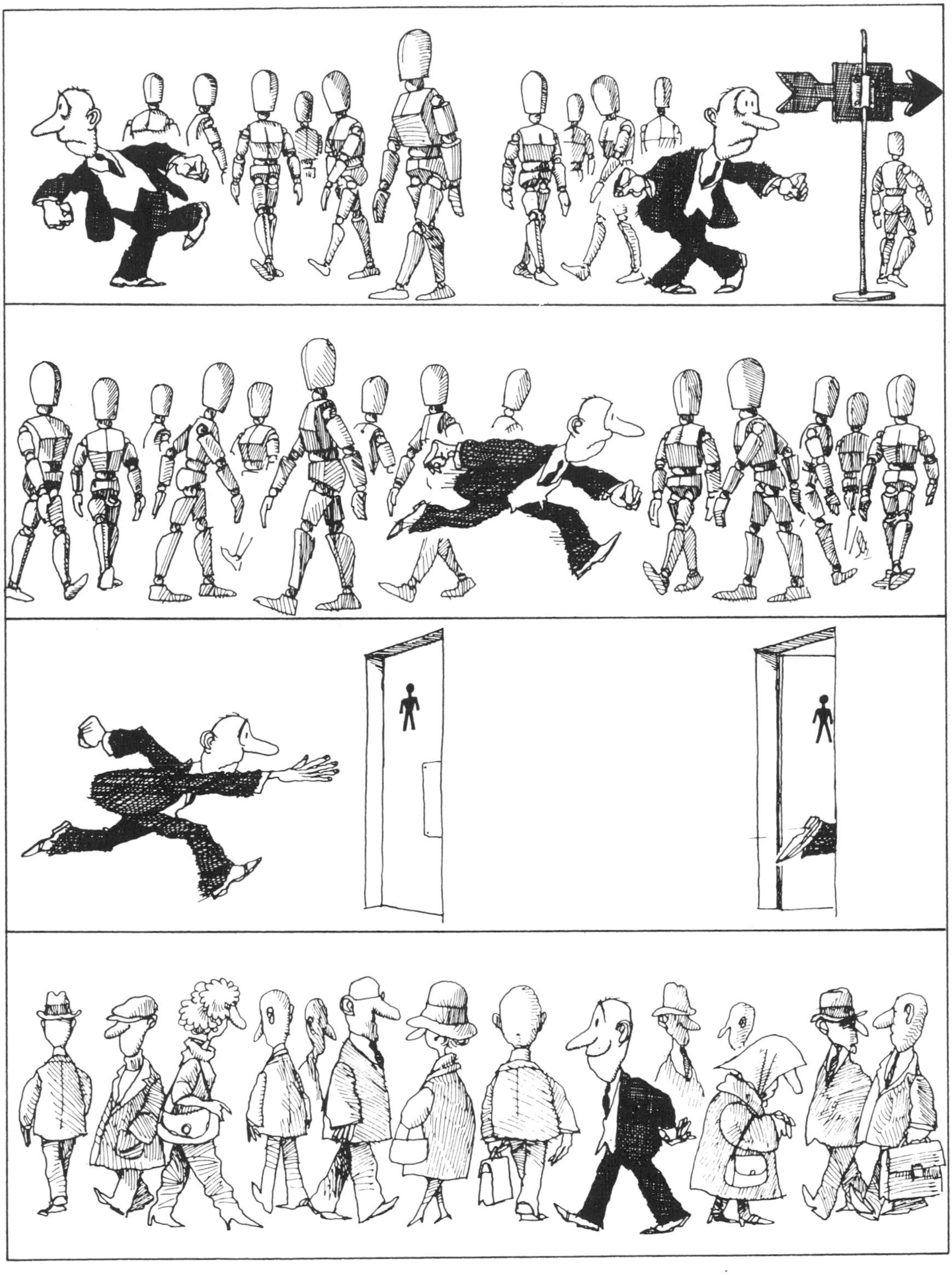

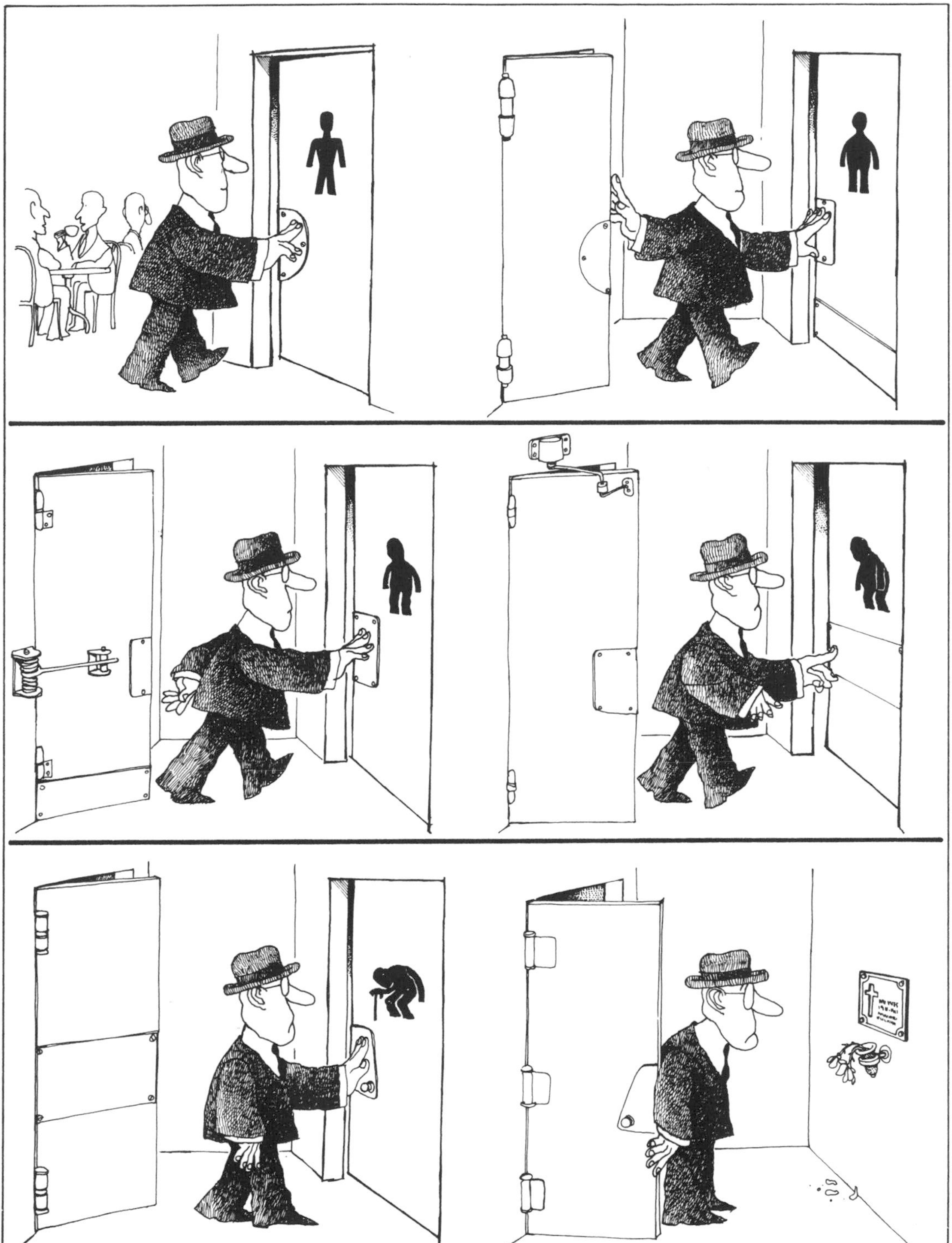

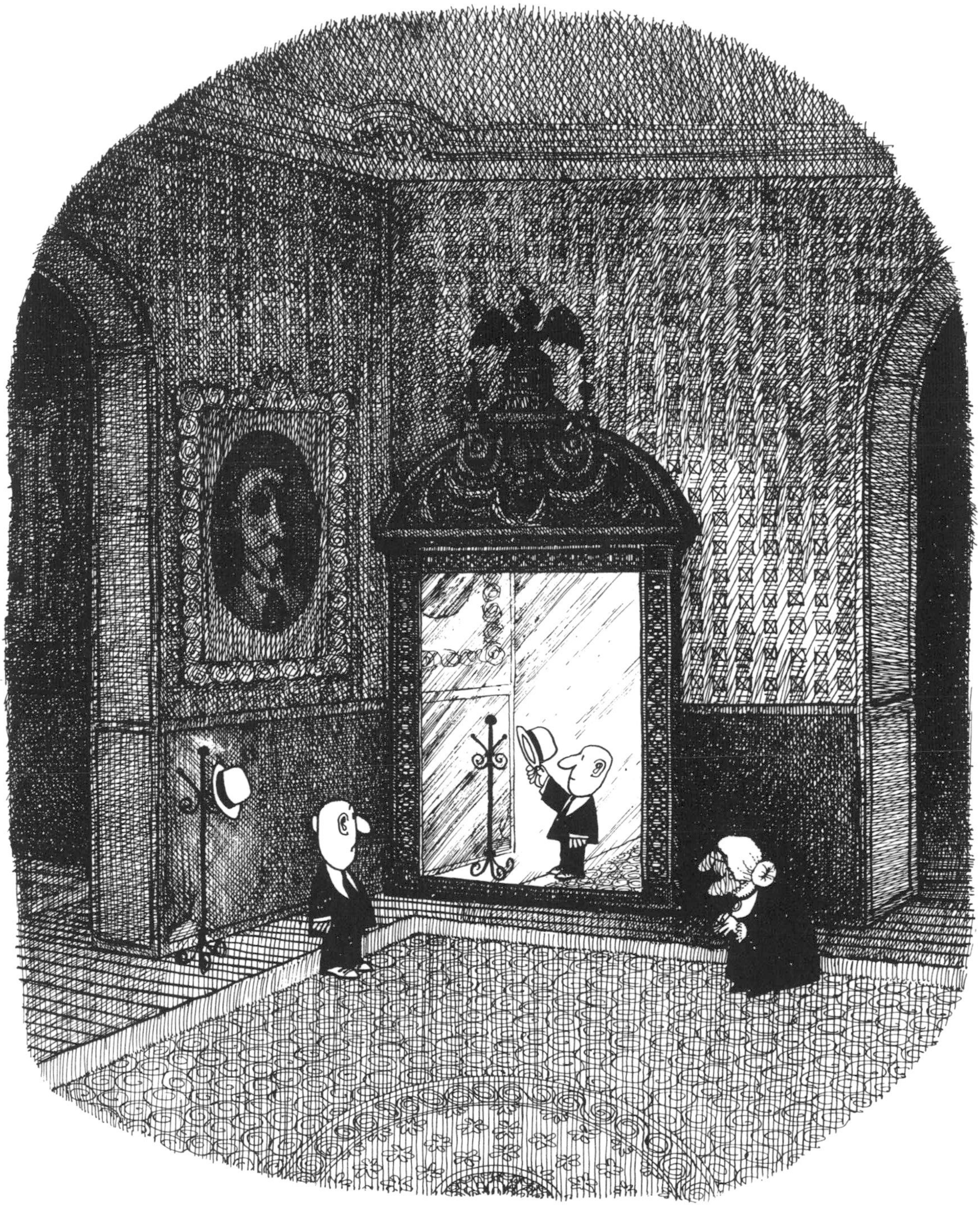

CON LOS AÑOS QUE TIENE, ES LÓGICO QUE ATRASE UN POQUITIN

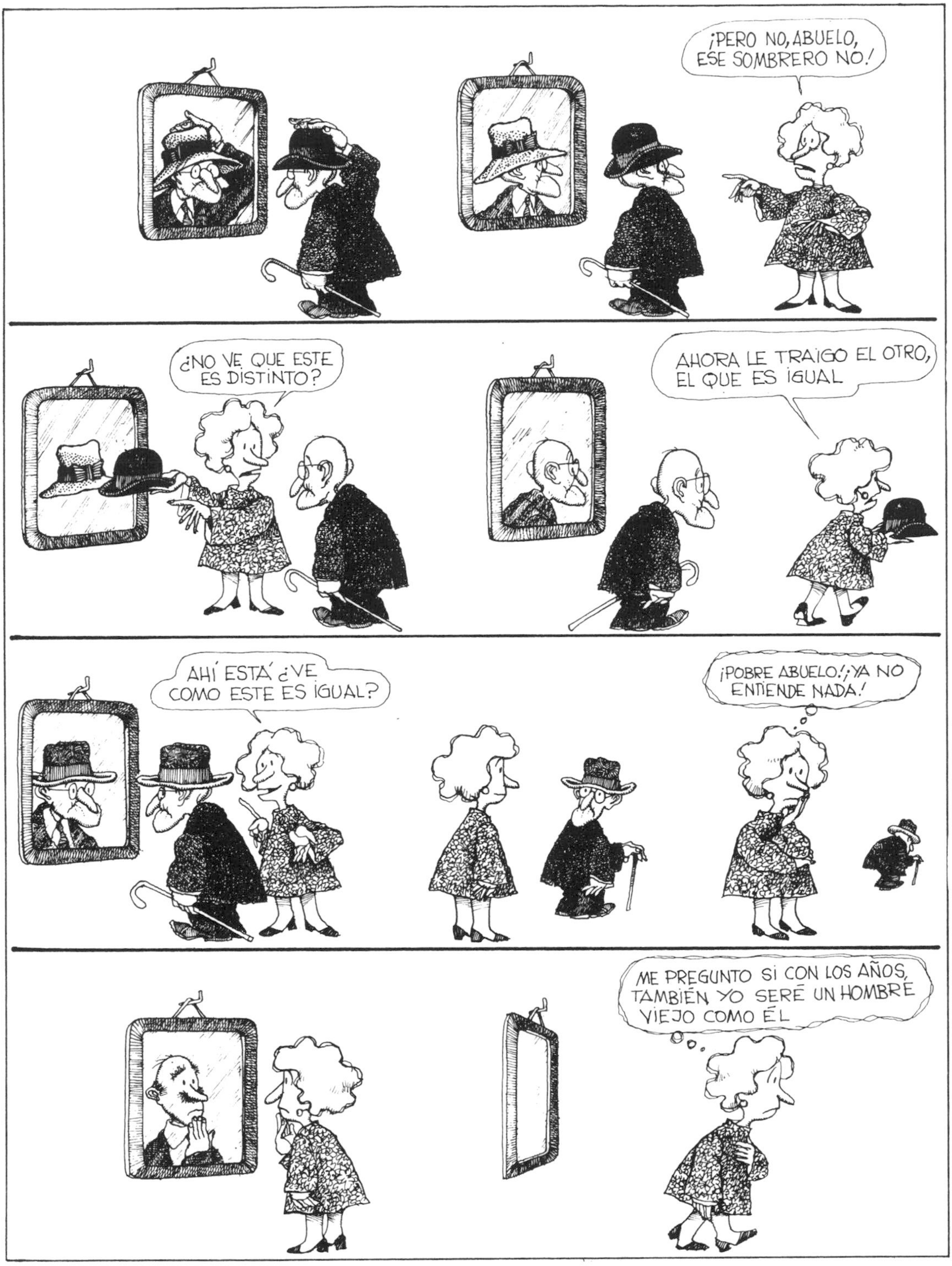
¡PERO NO, ABUELO, ESE SOMBRERO NO!
¿NO VE QUE ESTE ES DISTINTO?
AHORA LE TRAIGO EL OTRO, EL QUE ES IGUAL
AHÍ ESTÁ ¿VE COMO ESTE ES IGUAL?
¡POBRE ABUELO! ¡YA NO ENTIENDE NADA!
ME PREGUNTO SI CON LOS AÑOS, TAMBIÉN YO SERÉ UN HOMBRE VIEJO COMO ÉL

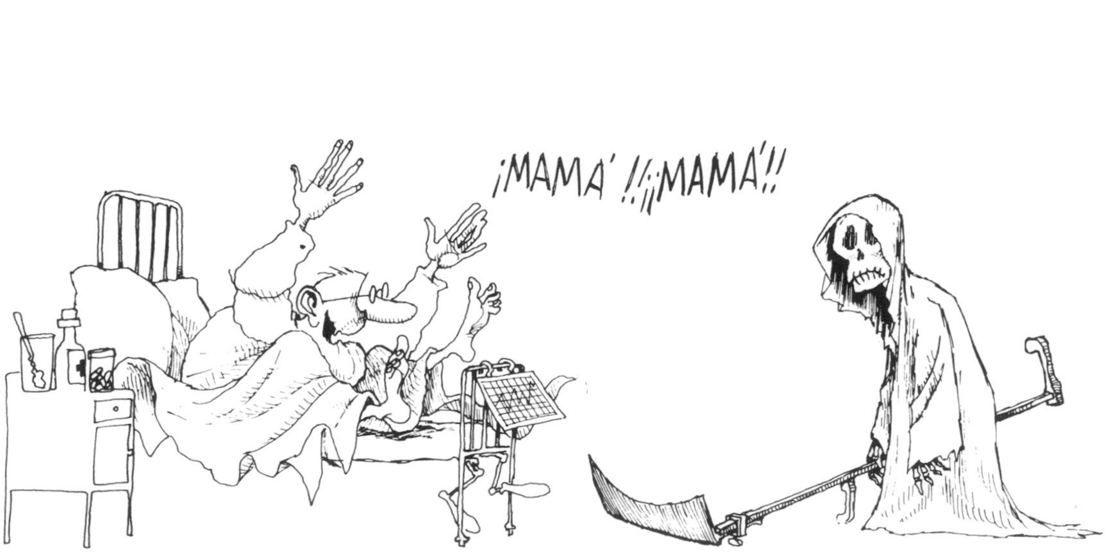
¡MAMÁ!! ¡¡MAMÁ!!

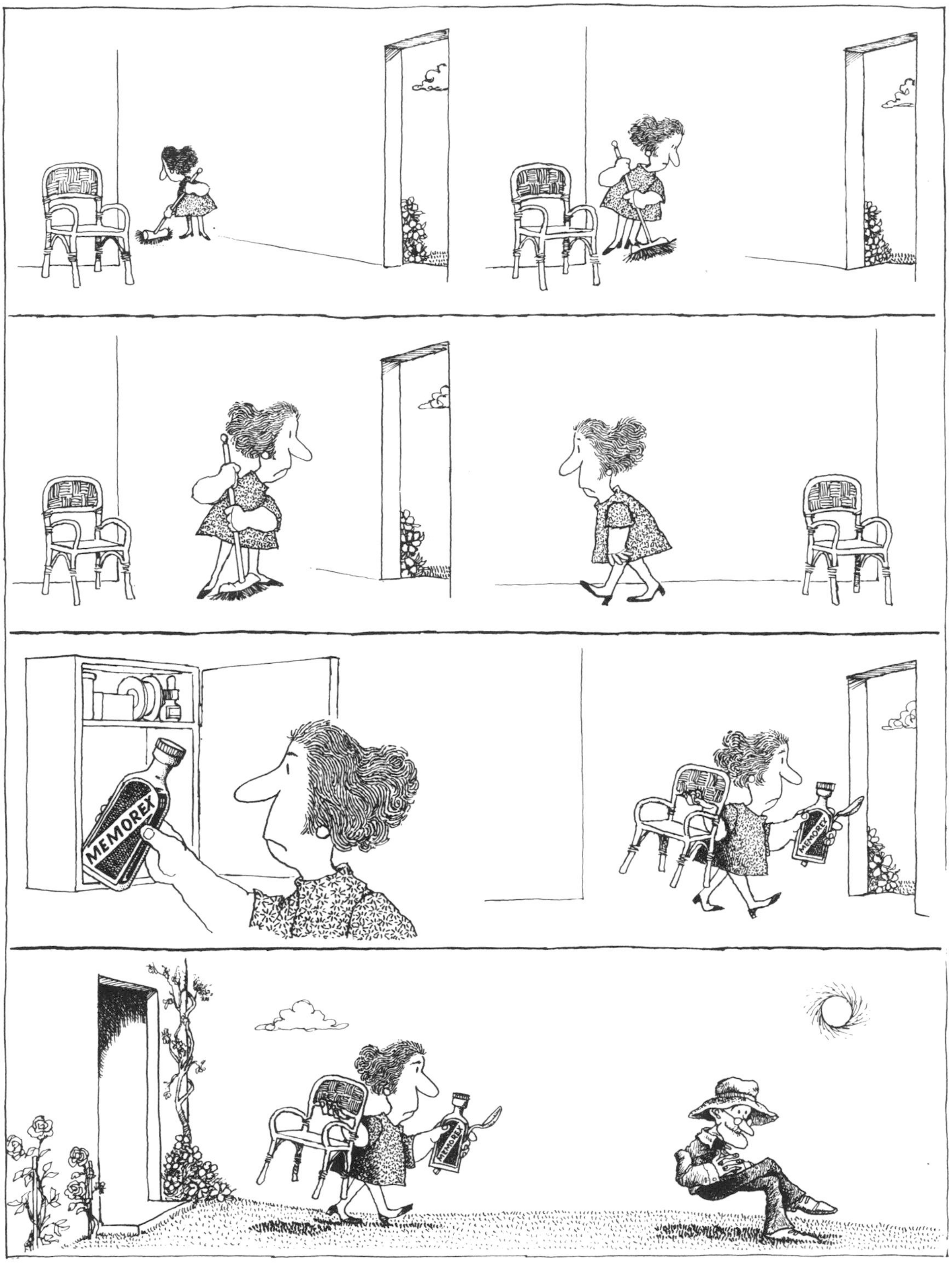
MEMOREX

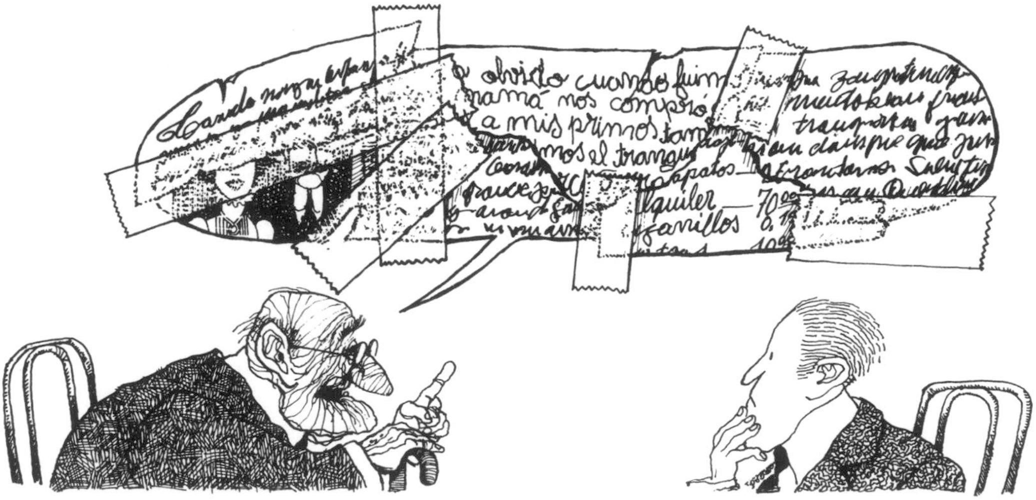
mamá nos compró
a mis primos

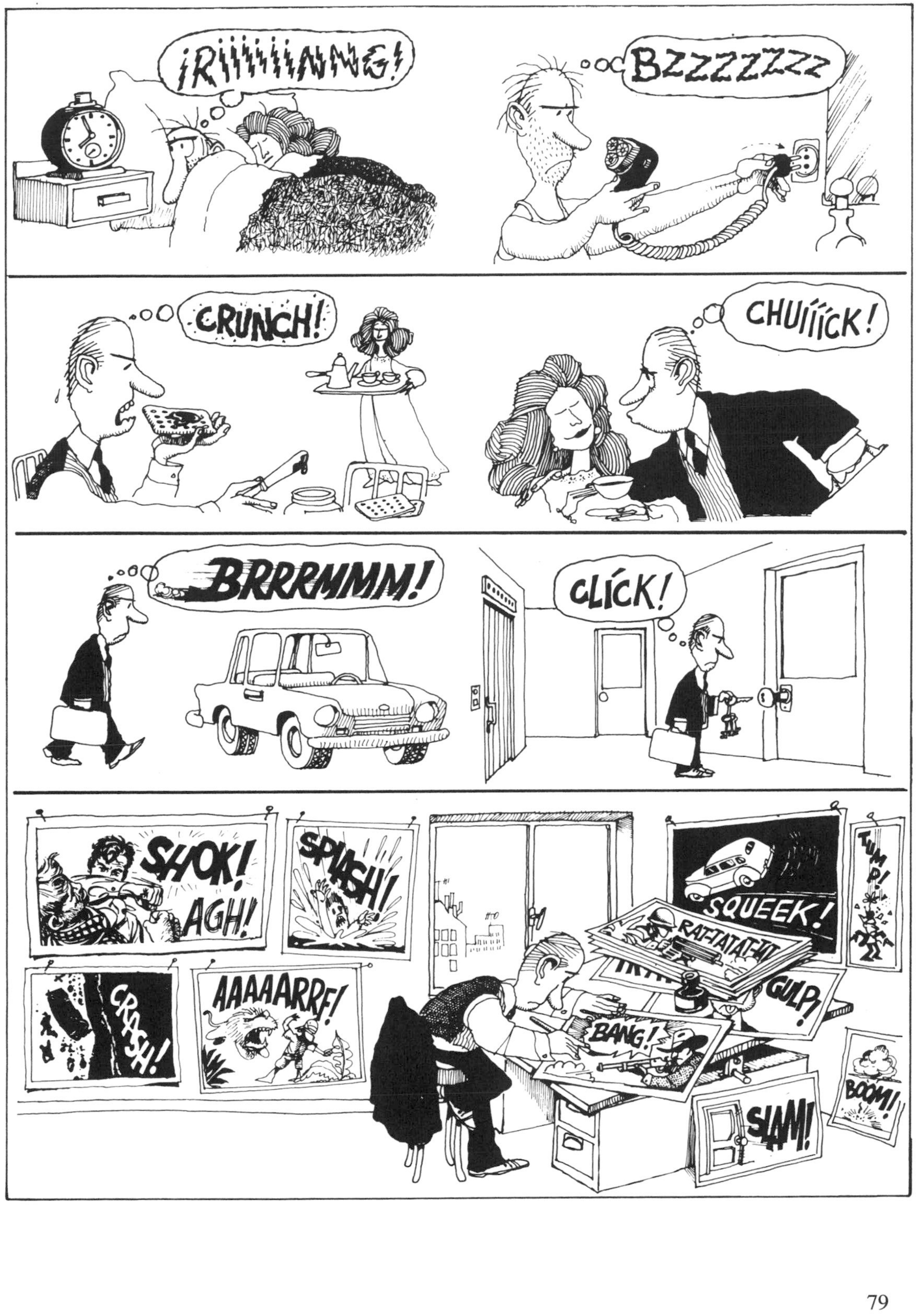
¡RIIIIIINNG!
BZZZZZZZ
CRUNCH!
CHUÍÍÍÍCK!
BRRRMMM!
CLÍCK!
SHOK!
AGH!
SPLASH!
CRASH!
AAAAARRF!
SQUEEK!
TUMP!
RAT-TATATATA
GULP!
BANG!
BOOM!
SLAM!

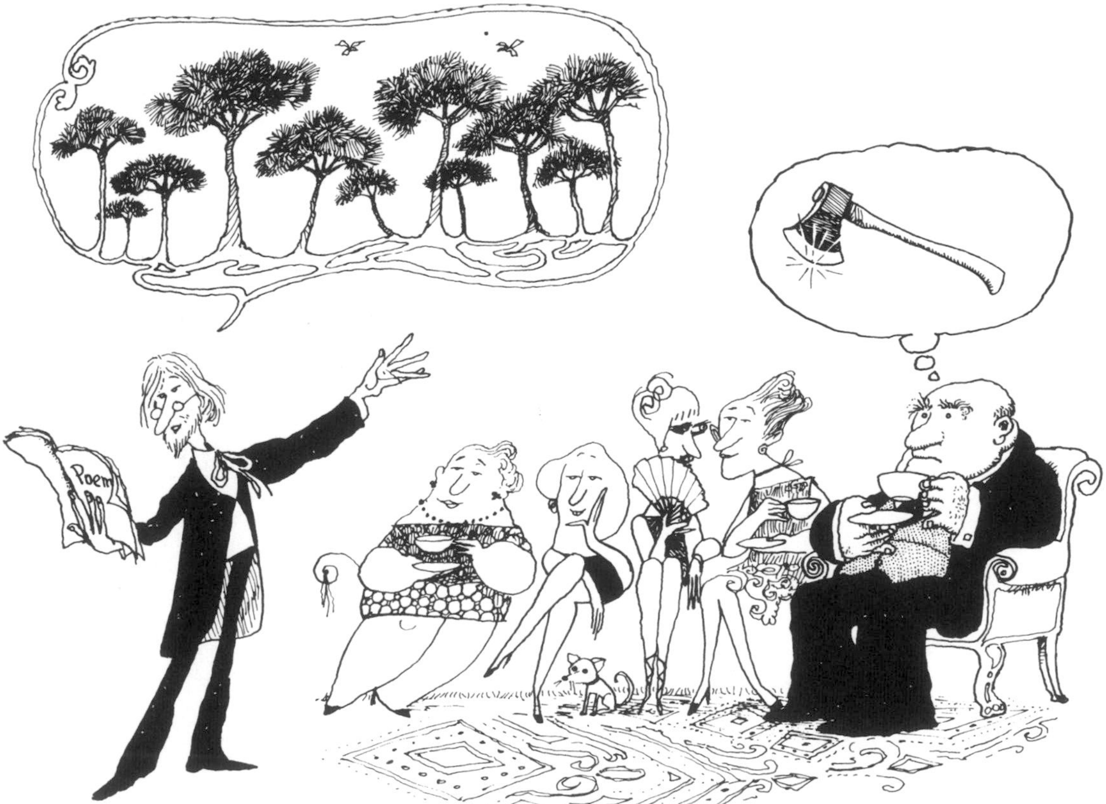
Poem

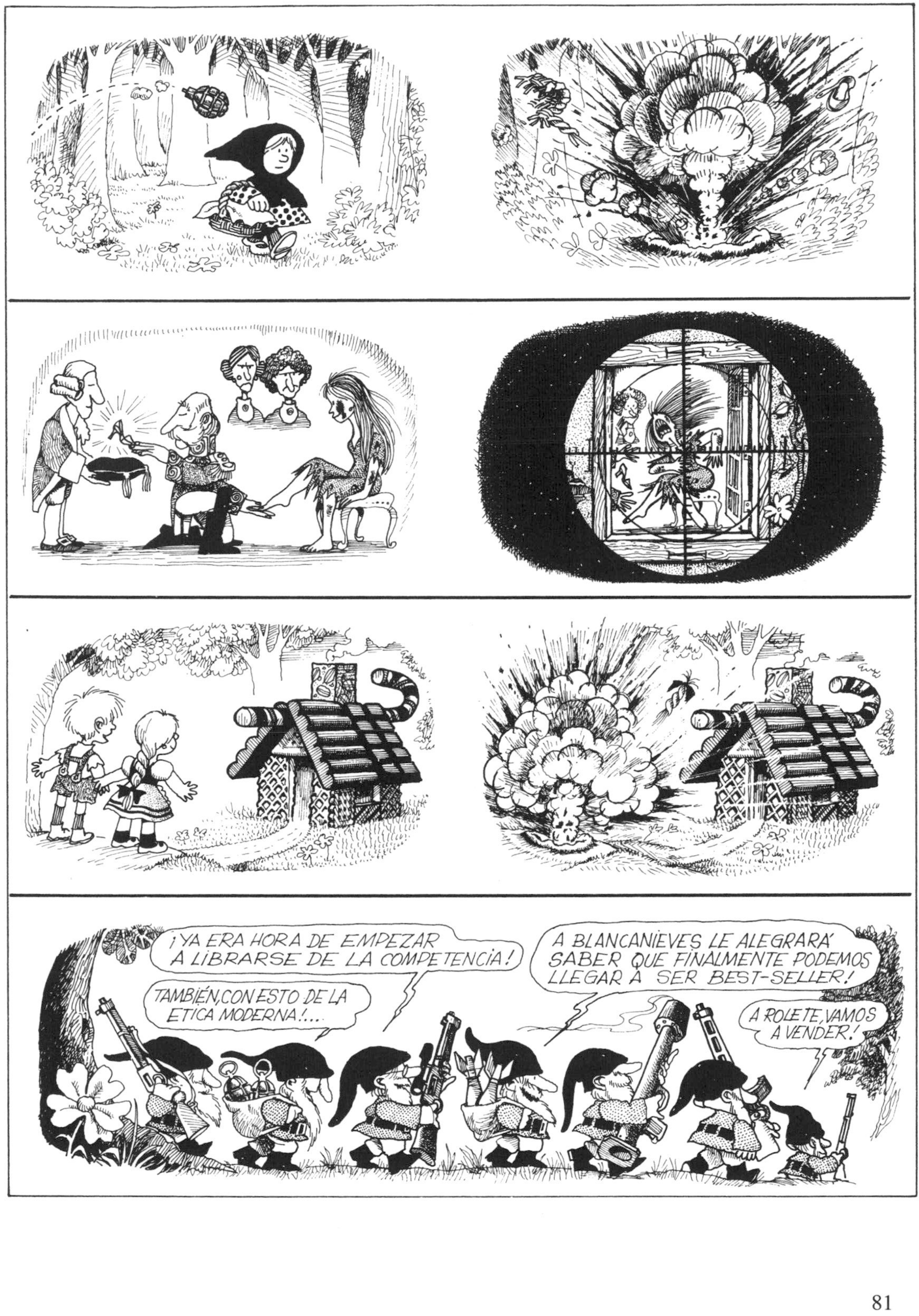
¡YA ERA HORA DE EMPEZAR A LIBRARSE DE LA COMPETENCIA!
TAMBIÉN, CON ESTO DE LA ETICA MODERNA!...
A BLANCANIEVES LE ALEGRARÁ SABER QUE FINALMENTE PODEMOS LLEGAR A SER BEST-SELLER!
A ROLETE, VAMOS A VENDER!

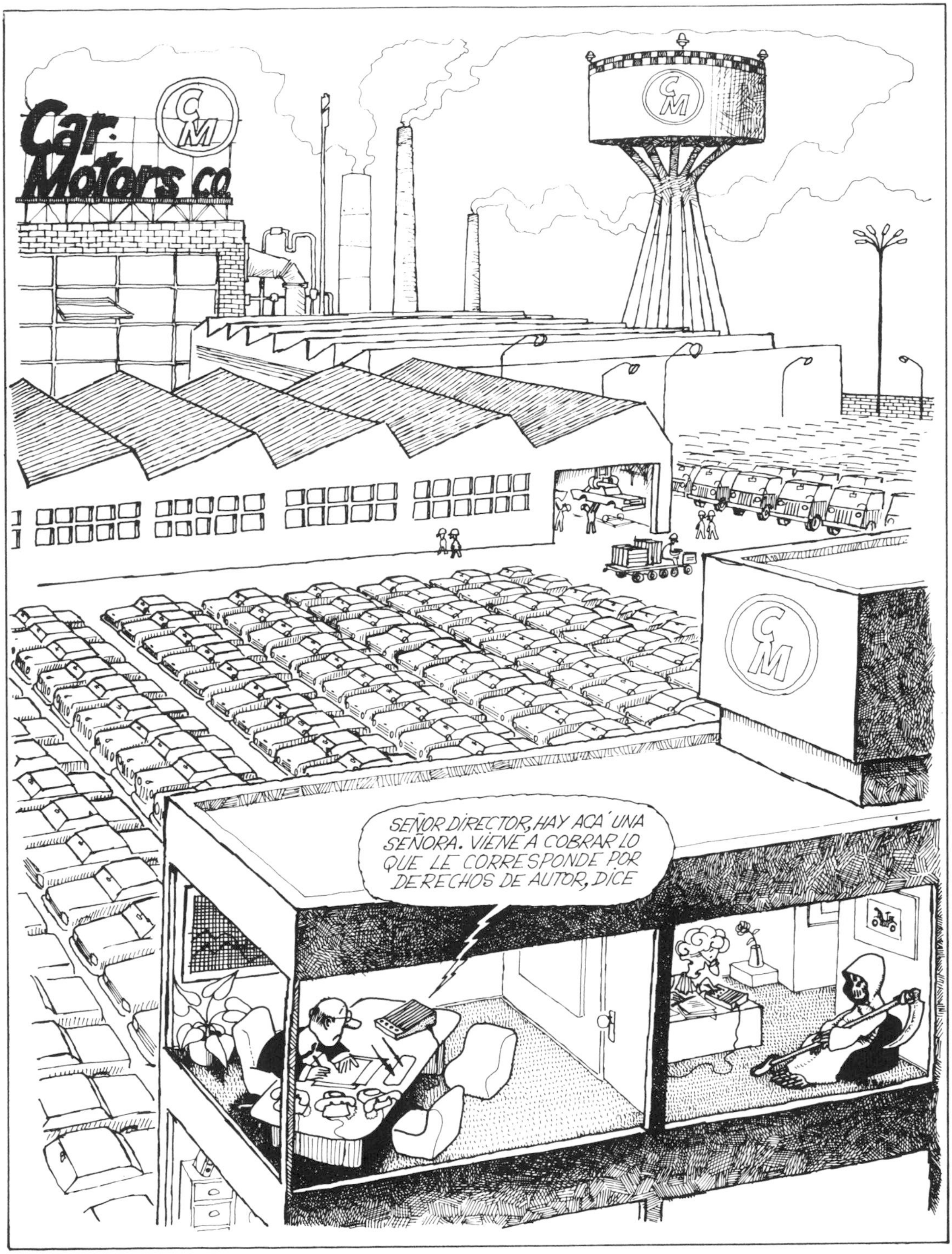
Car Motors co.
CM
SEÑOR DIRECTOR, HAY ACÁ UNA SEÑORA. VIENE A COBRAR LO QUE LE CORRESPONDE POR DERECHOS DE AUTOR, DICE

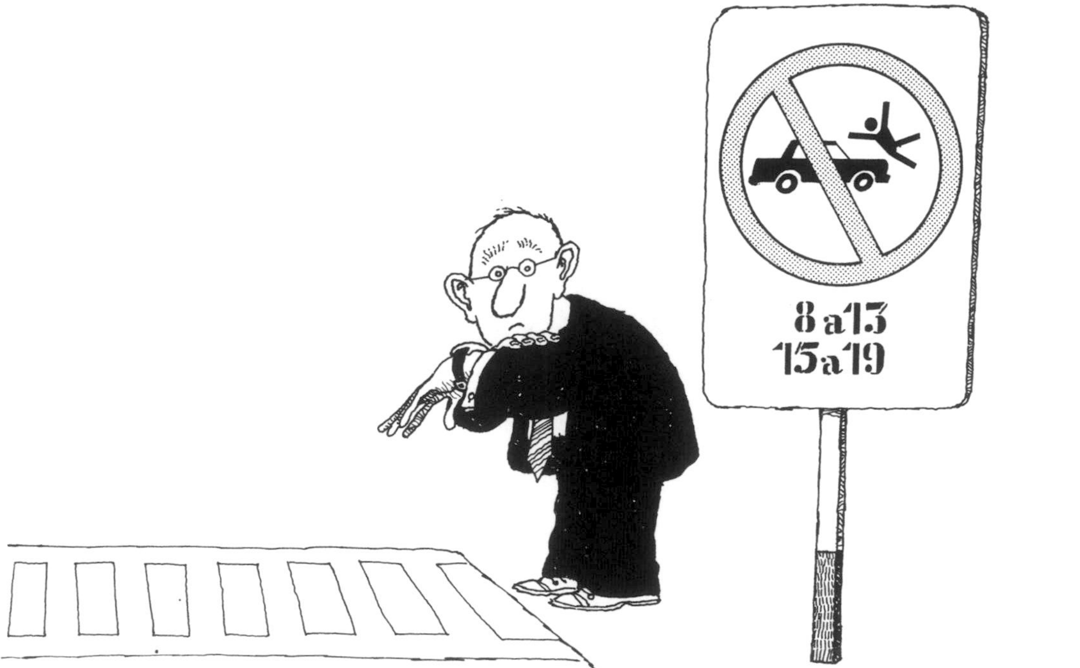
8 a 13
15 a 19

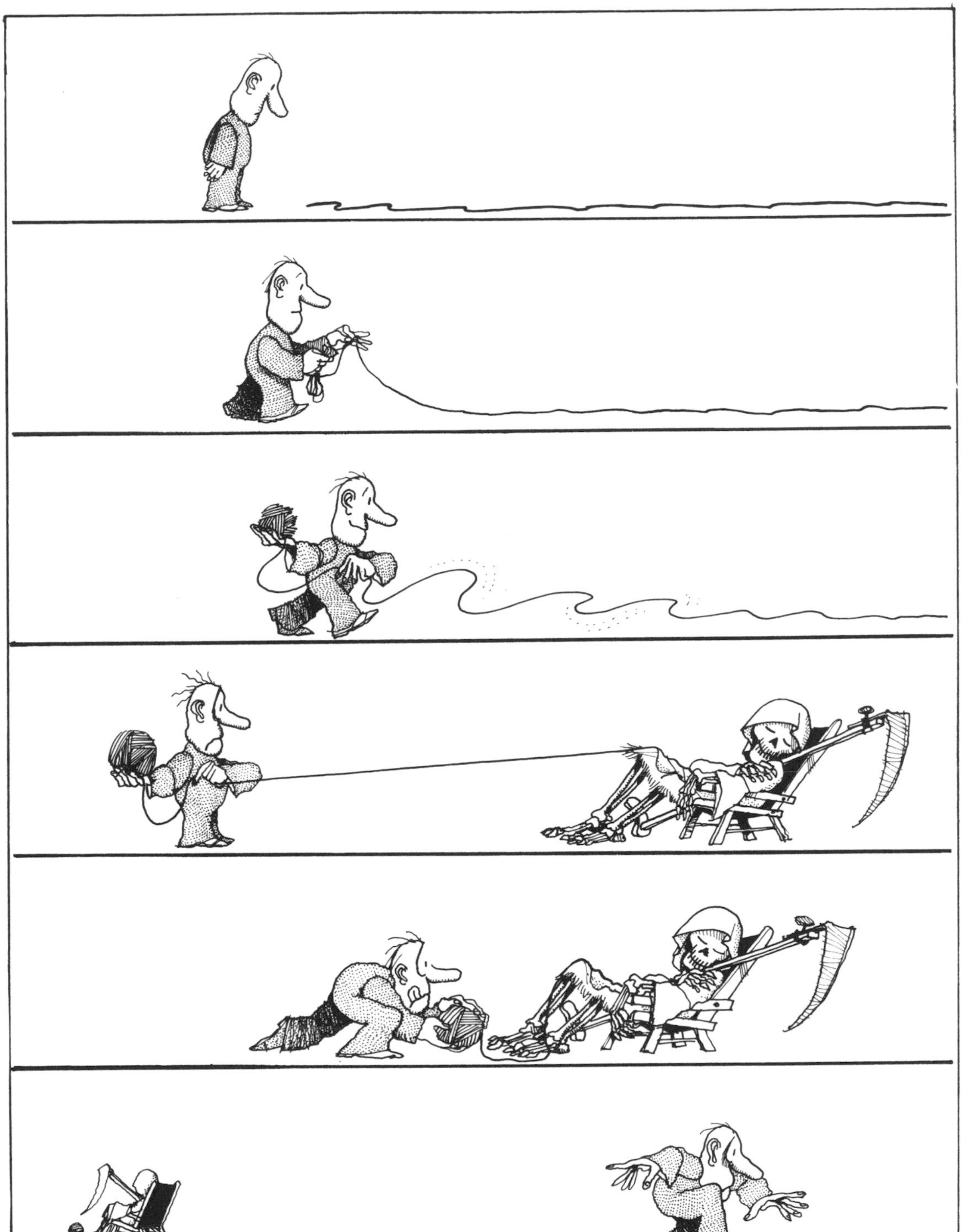

TELEGRAM
Nº
Dest. David
Llego lunes veintiseis de
hora dieciocho y cuarenta
abrazos

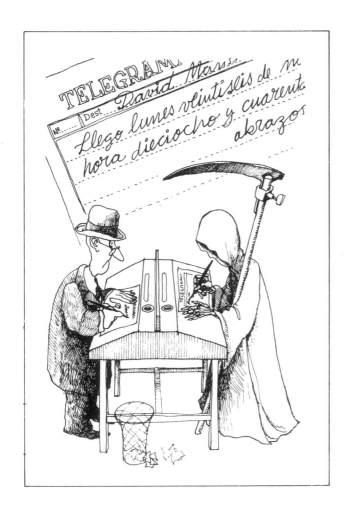

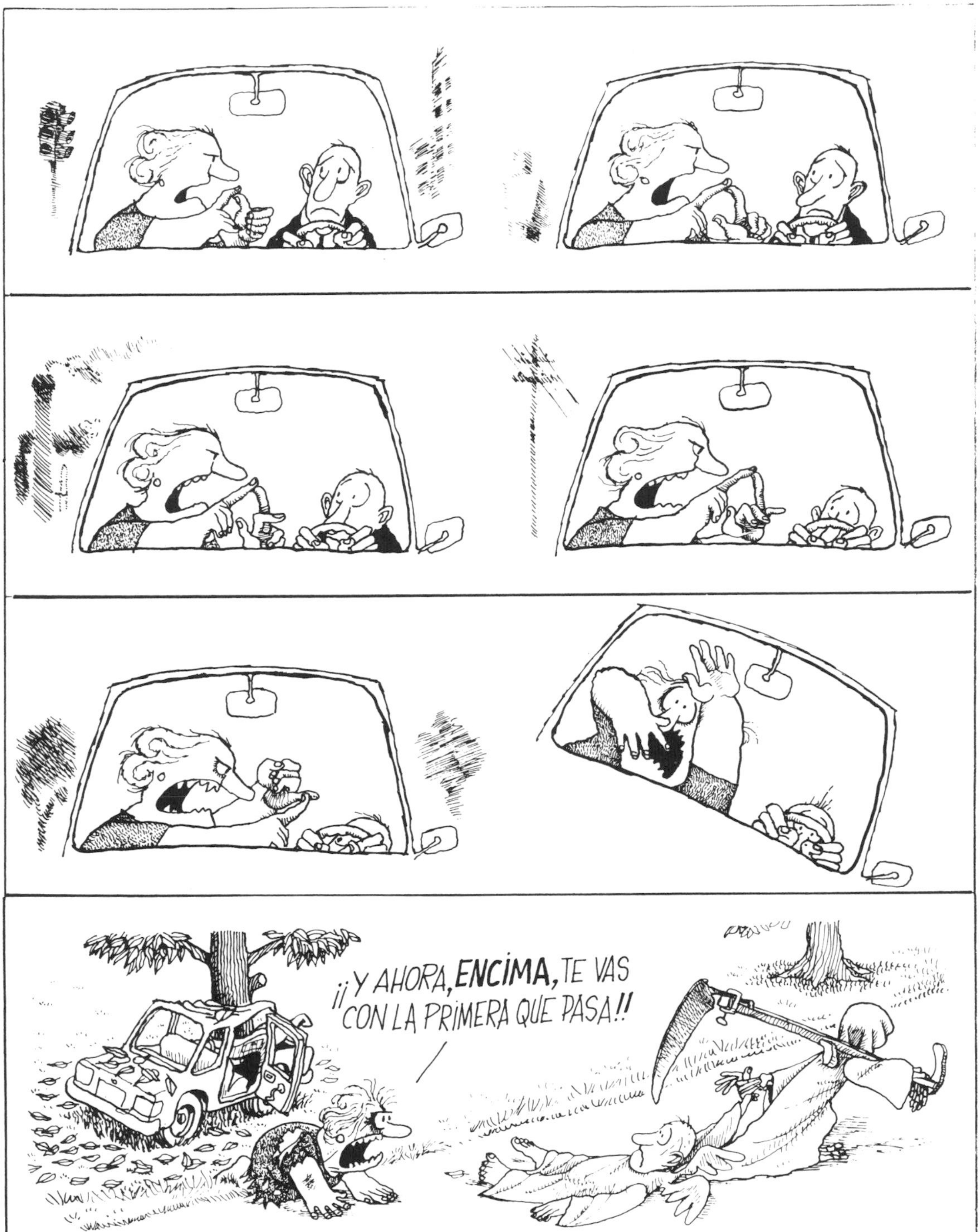
¡¡Y AHORA, ENCIMA, TE VAS CON LA PRIMERA QUE PASA!!

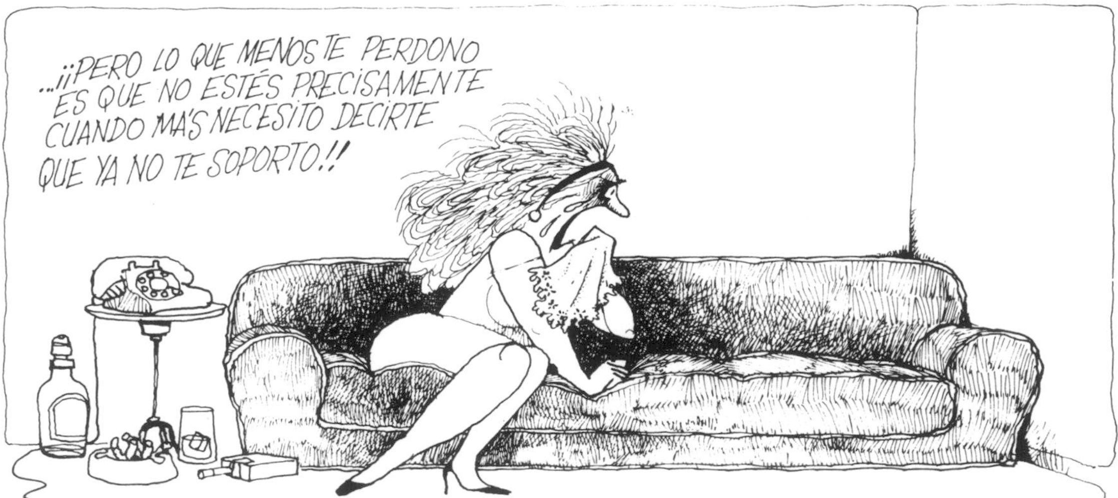
...¡¡PERO LO QUE MENOS TE PERDONO
ES QUE NO ESTÉS PRECISAMENTE
CUANDO MÁS NECESITO DECIRTE
QUE YA NO TE SOPORTO!!

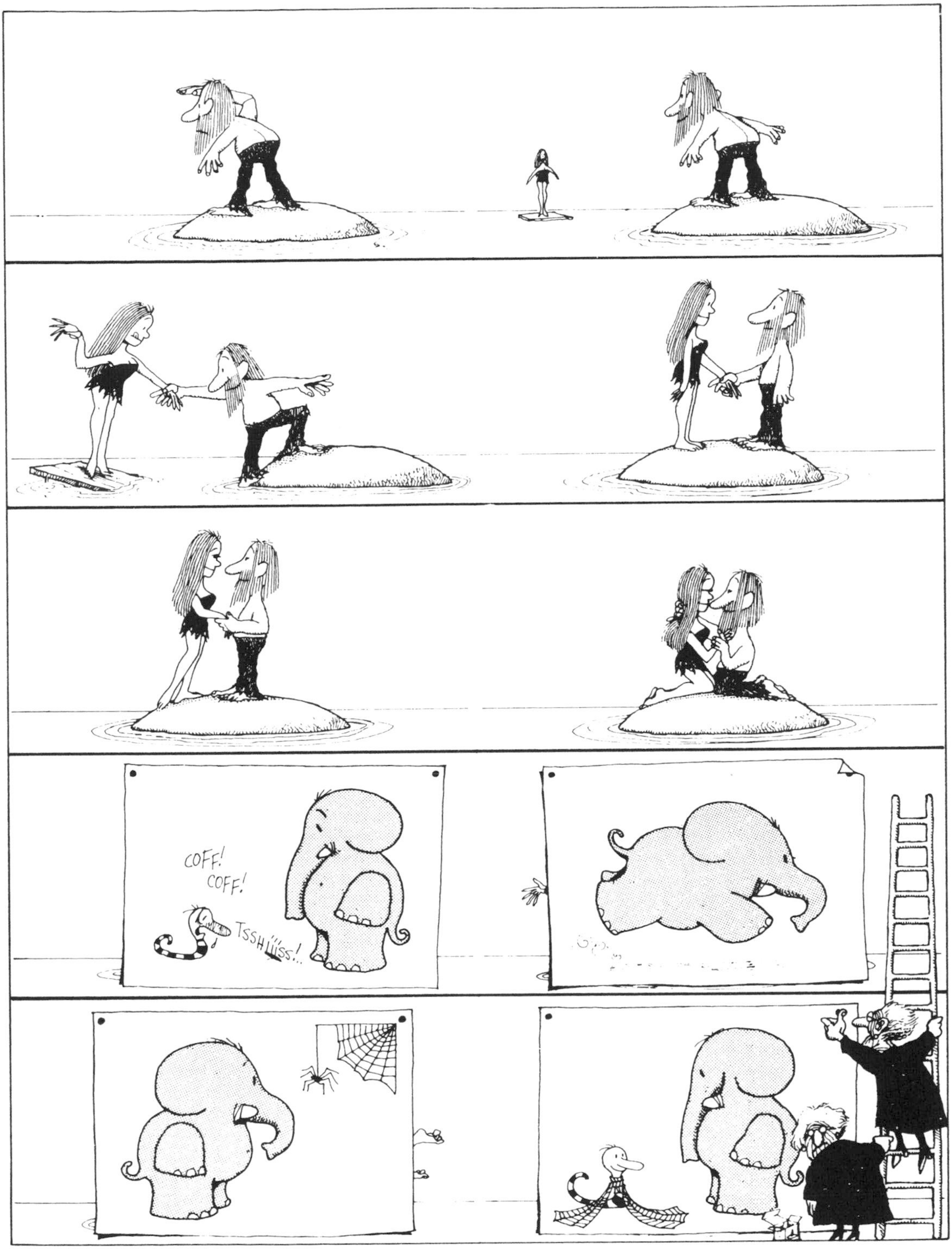
COFF!
COFF!
TSSHÍÍÍSS!..

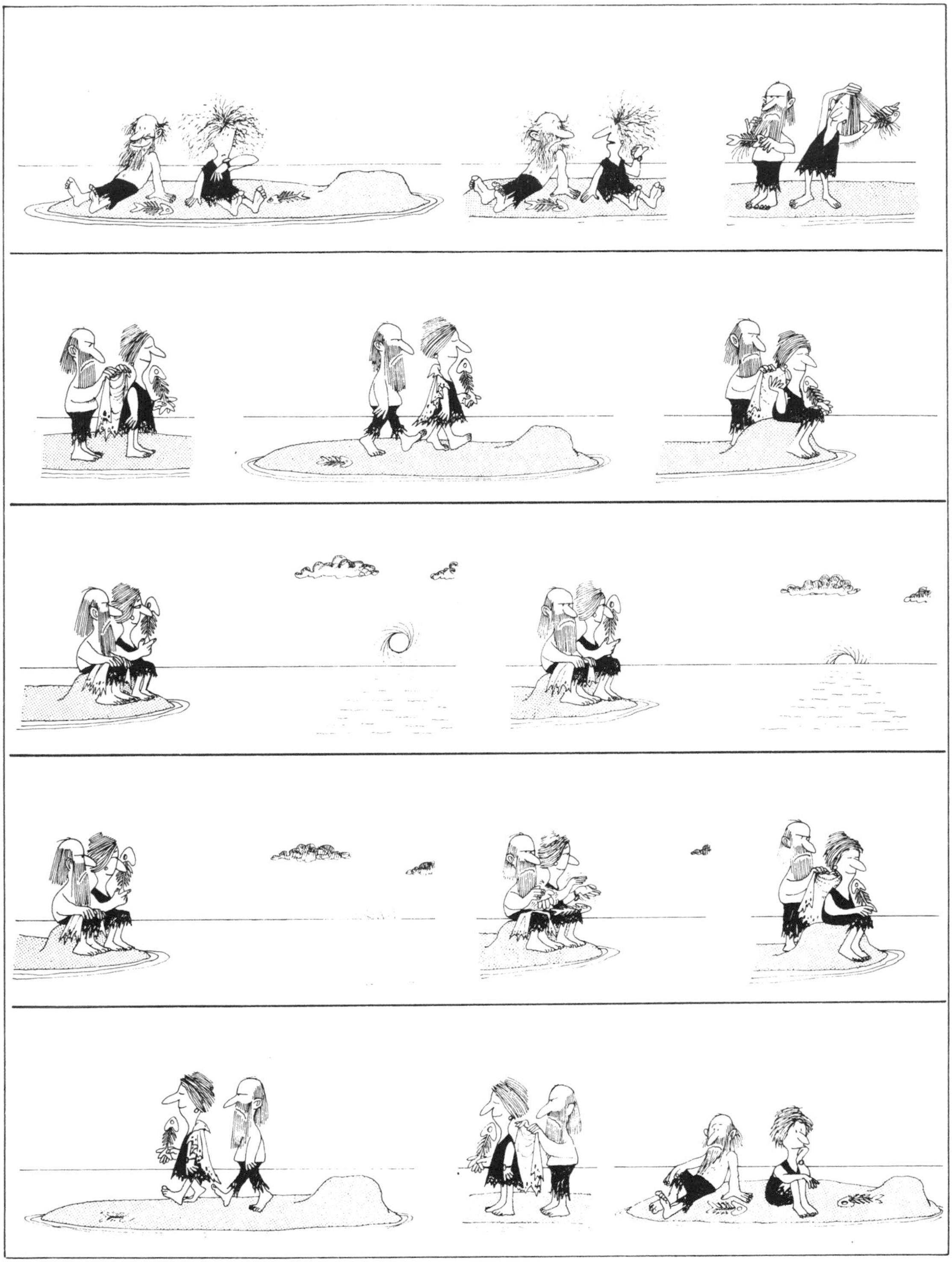

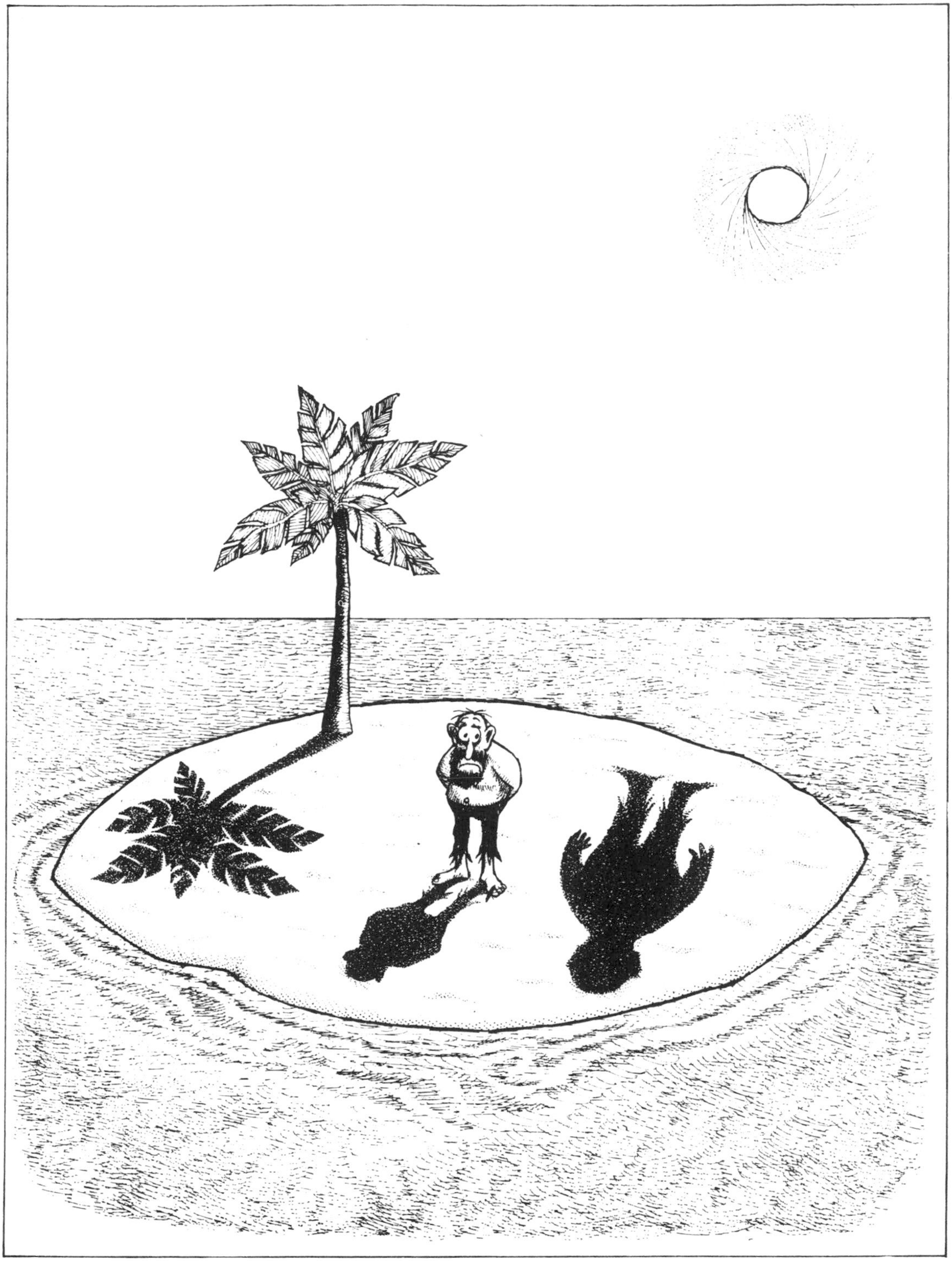

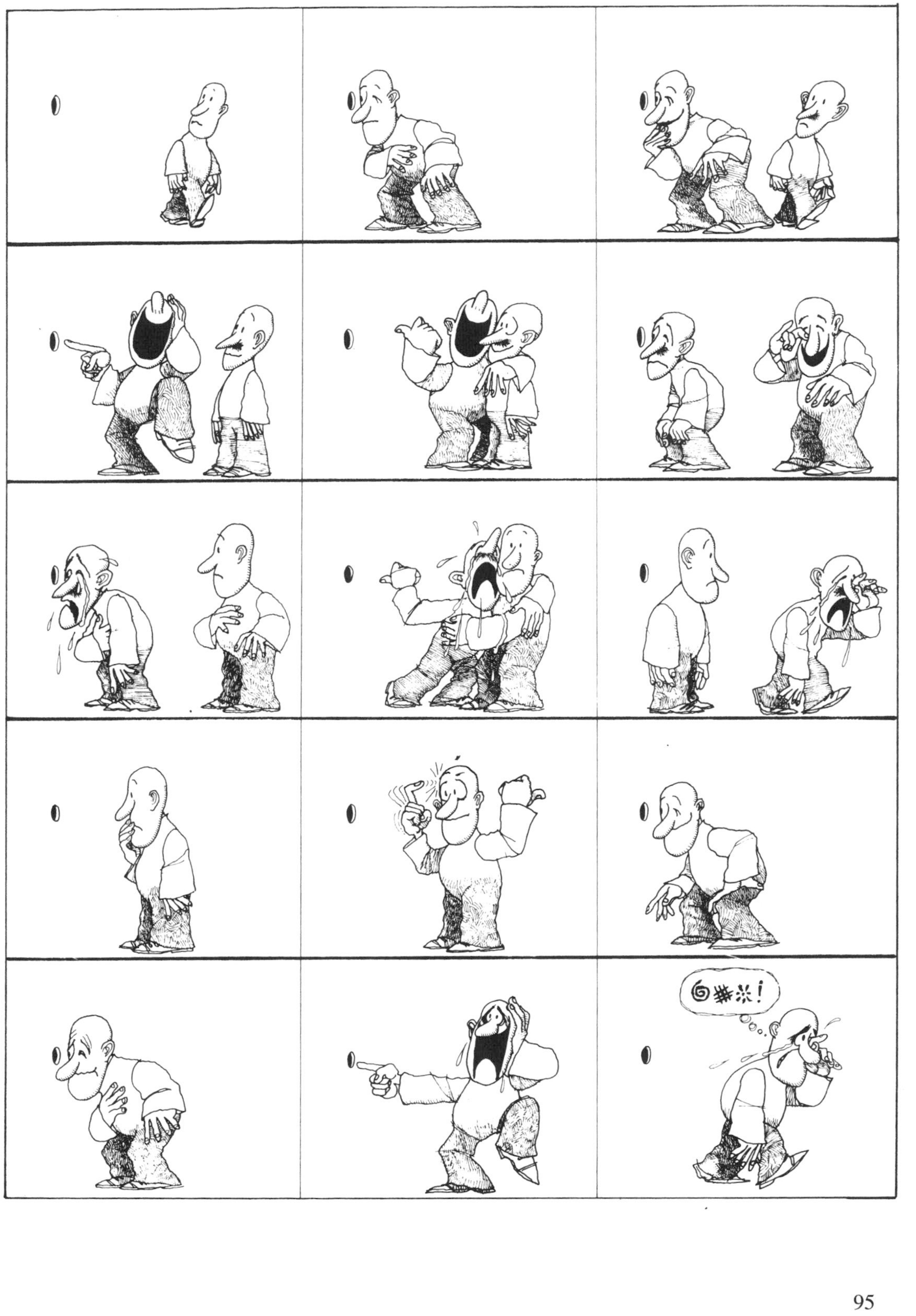

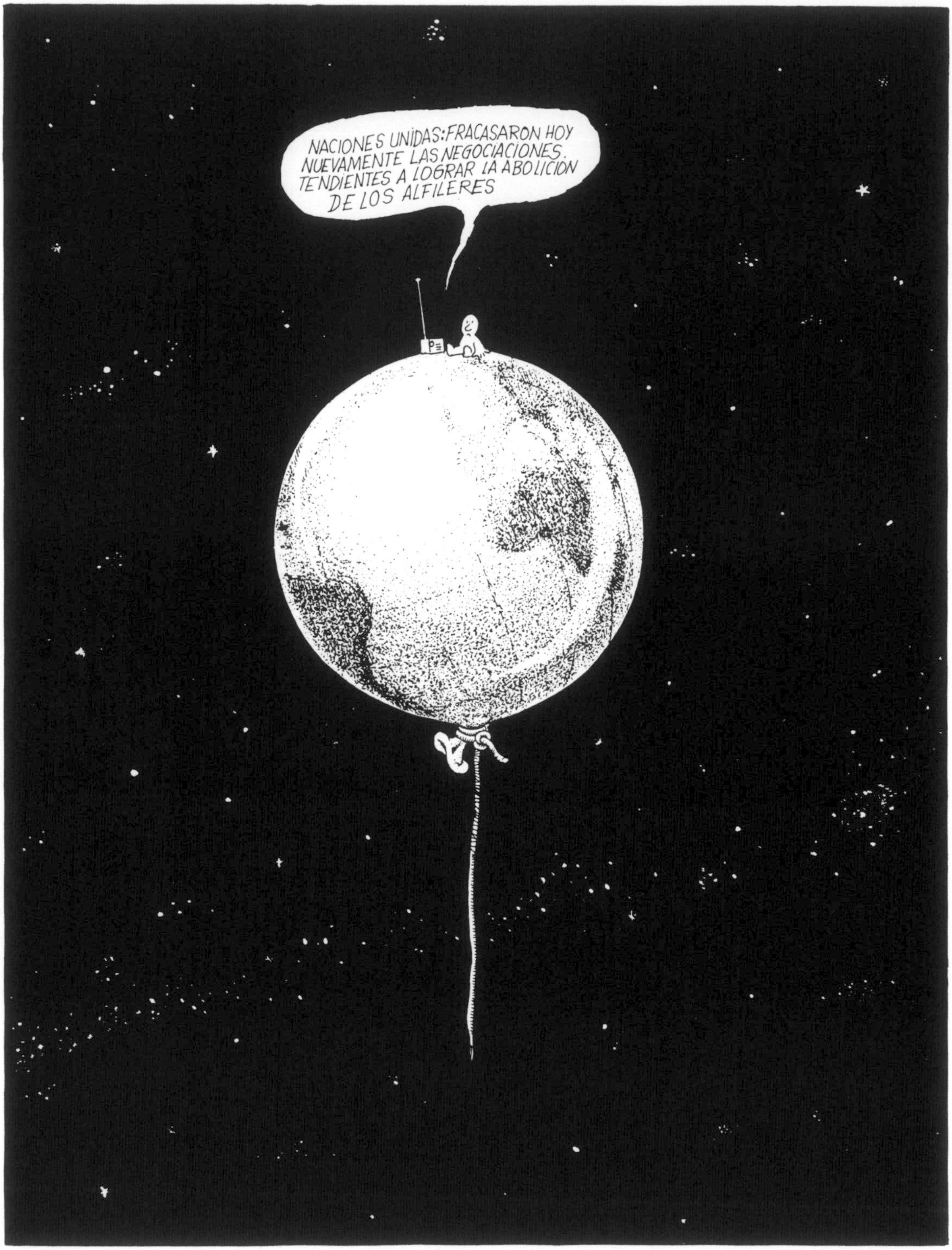
NACIONES UNIDAS: FRACASARON HOY NUEVAMENTE LAS NEGOCIACIONES. TENDIENTES A LOGRAR LA ABOLICIÓN DE LOS ALFILERES

Joaquín Lavado nació el 17 de julio de 1932 en Mendoza (Argentina) en el seno de una familia de emigrantes andaluces. Descubrió su vocación como dibujante a los tres años. Por esas fechas ya lo empezaron a llamar **Quino**. En 1954 publica su primera página de chistes en el semanario bonaerense *Esto Es*. En 1964, su personaje Mafalda comienza a aparecer con regularidad en el semanario *Primera Plana*. El éxito de sus historietas le brinda la oportunidad de publicar en el diario nacional *El Mundo* y será el detonante del boom editorial que se extenderá por todos los países de lengua castellana. Tras la desaparición de *El Mundo* y un año de ausencia, Mafalda regresa a la prensa en 1968 gracias al semanario *Siete Días* y en 1970 llega a España de la mano de Esther Tusquets y de la editorial Lumen. En 1973, Mafalda y sus amigos se despiden para siempre de sus lectores. Lumen ha publicado los once tomos recopilatorios de viñetas de *Mafalda*, numerados de 0 a 10, y también en un único volumen —*Mafalda. Todas las tiras* (2011)—, así como las viñetas que permanecían inéditas y que integran junto con el resto el libro *Todo Mafalda*, publicado con ocasión del cincuenta aniversario del personaje. En 2018 vio la luz la recopilación en torno al feminismo *Mafalda. Femenino singular*; en 2019, *Mafalda. En esta familia no hay jefes*; en 2020, *El amor según Mafalda*; en 2021, *La filosofía de Mafalda* y en 2022, *Mafalda presidenta*. También han aparecido en Lumen los dieciséis libros de viñetas humorísticas del dibujante, entre los que destacan *Mundo Quino* (2008), *Quinoterapia* (2008), *Simplemente Quino* (2016), y el volumen recopilatorio *Esto no es todo* (2008).

Quino ha logrado tener una gran repercusión en todo el mundo, se han instalado esculturas de Mafalda en Buenos Aires, Oviedo y Mendoza, sus libros han sido traducidos a más de veinte lenguas y dialectos (los más recientes son el armenio, el búlgaro, el hebreo, el polaco y el guaraní), y ha sido galardonado con premios tan prestigiosos como el Príncipe de Asturias de Comunicación y Humanidades y el B'nai B'rith de Derechos Humanos. Quino murió en Mendoza el 30 de septiembre de 2020.

Este libro acabó de imprimirse en Barcelona en julio de 2022